Márcio Antonio Sonnewend

Clássicos do Brasil

JEEP

Copyright © 2012 Márcio Antonio Sonnewend.
Copyright desta edição © 2013 Alaúde Editorial Ltda.

Todos os direitos reservados. Nenhuma parte deste livro poderá ser reproduzida, de forma alguma, sem a permissão formal por escrito da editora e do autor, exceto as citações incorporadas em artigos de crítica ou resenhas.

O texto deste livro foi fixado conforme o acordo ortográfico vigente no Brasil desde 1º de janeiro de 2009.

PRODUÇÃO EDITORIAL:
Editora Alaúde

PREPARAÇÃO E EDIÇÃO:
Valentina Nunes

REVISÃO:
Fernando Garcia, Percival de Carvalho

CONSULTORIA TÉCNICA:
Bob Sharp

IMAGEM DE CAPA:
Marcelo Resende e Bira Prado

IMPRESSÃO E ACABAMENTO:
Ipsis Gráfica e Editora S/A

1ª edição, 2013 (1 reimpressão)

Dados Internacionais de Catalogação na Publicação (CIP)
(Câmara Brasileira do Livro, SP, Brasil)

Sonnewend, Márcio Antonio
Jeep / Márcio Antonio Sonnewend. São Paulo: Alaúde Editorial, 2013. (Série Clássicos do Brasil)

Bibliografia.

ISBN 978-85-7881-174-7

1. Automobilismo - História 2. Automóveis - Brasil 3. Jeep (Automóveis) 4. Jeep (Automóveis) - História I. Título. II. Série.

13-00410   CDD-629.22209

Índices para catálogo sistemático:
1. Jeep : Automóveis : Tecnologia : História 629.22209

2015
Alaúde Editorial Ltda.
Av. Paulista, 1337 – cj. 11
São Paulo, SP, 01311-200
Tel.: (11) 5572-9474
www.alaude.com.br

SUMÁRIO

CAPÍTULO 1 – A origem 5

CAPÍTULO 2 – A chegada ao Brasil.. 27

CAPÍTULO 3 – A evolução dos modelos 37

CAPÍTULO 4 – Curiosidades.. 81

CAPÍTULO 5 – Dados técnicos 89

Fontes de consulta 105

Crédito das imagens.. 106

CAPÍTULO 1

A ORIGEM

AVANTE, COMPANHEIRO!

Um veículo pequeno, ágil e robusto, capaz de ir a todo lado e vencer todos os caminhos. Foi com essas qualidades que o Jeep surgiu no início dos anos 1940, nos Estados Unidos do pré-guerra, para dali conquistar o mundo, aprimorar-se a cada década e chegar ao século XXI mantendo a imbatível fama de ser o veículo off-road por excelência.

No entanto, antes de se tornar o Jeep Willys e antes mesmo de atrair a atenção do mundo – de fazendeiros a aventureiros de todo tipo, inclusive motoristas urbanos –, primeiro o pequeno e valente veículo conquistou a preferência dos militares. Até porque ele nasceu para fins bélicos, atendendo a uma solicitação urgente do exército americano.

Às vésperas de entrar na Segunda Guerra Mundial e de olho na movimentação dos Aliados na Europa, o exército dos Estados Unidos precisava de um veículo leve e de fabricação rápida, para enfrentar "como uma mula" qualquer tipo de terreno, além de atuar como batedor, restabelecer comunicações e ainda transportar armamentos, comandantes, soldados e feridos. No início de 1940, as autoridades militares convocaram todos os fabricantes de automóveis atuantes no país para o desafio de produzir, em pouquíssimo tempo e segundo as especificações de seus engenheiros, aquele que seria o veículo militar ideal.

Primeiro protótipo da Bantam.

UM EDITAL COM O RIGOR MILITAR

O que o exército dos Estados Unidos exigiu para a criação do futuro Jeep:

- Tração 4x4
- Carroceria em aço estampado de fácil fabricação
- Capacidade para três passageiros e uma metralhadora
- Peso máximo de 600 kg
- Capacidade de carga útil de, no mínimo, 270 kg
- Potência mínima de 40 cavalos

A origem

- Capacidade de chegar a 80 km/h
- Distância entre eixos máxima de 210 mm
- Bitola máxima de 120 mm
- Altura máxima de 920 mm
- Distância mínima do solo de 160 mm
- Sistema de refrigeração capaz de permitir baixa velocidade contínua sem superaquecimento do motor

EM NOME DA GUERRA

Com a possibilidade de entrar na guerra se delineando no horizonte, o exército dos Estados Unidos, atento aos acontecimentos, esperava uma resposta maciça dos fabricantes ao edital que lançara para a construção do primeiro carro militar. Mas não foi exatamente o que aconteceu.

O padrão das exigências, alto demais para o estágio da indústria automobilística da época e considerado por muita gente impossível de atender, acabou afastando os fabricantes. Apenas duas das 135 empresas convidadas a participar da licitação responderam à convocação militar: a Bantam Car Manufacturing Company, da Pensilvânia, e a Willys-Overland Motors Inc., de Indiana.

Bantam e Willys-Overland já haviam tentado antes, embora em vão, aprovar projetos similares no exército americano; por isso, estavam familiarizadas com o processo e não se intimidaram nem mesmo diante de outro agravante da proposta: o prazo de pouco menos de dois meses para a entrega do primeiro protótipo.

A pressa do exército se devia à iminência da entrada dos Estados Unidos na guerra, o que viria a acontecer imediatamente após o ataque japonês à base naval de Pearl Harbor, no Havaí, no dia 7 dezembro de 1941. Mas também era preciso uma solução emergencial diante da inadequação dos veículos que vinham sendo testados sem sucesso, a maioria adaptada de modelos comerciais. E entre eles estavam modelos Ford com tração 4x4, além do transportador de metralhadora Howie-Willey, todos com desempenho muito aquém das necessidades estratégicas de comandantes e soldados.

Outro motivo suficientemente forte era o bom desempenho do pequeno e ágil Kübelwagen, de fabricação alemã, que passou a ajudar os países do Eixo a consagrar

Kübelwagen: veículo militar alemão desenvolvido por Ferdinand Porsche.

importantes vitórias na Europa e na África do Norte a partir de setembro de 1939.

Tudo era uma questão de urgência de guerra. Por isso, faltou pouco para que as empresas Bantam Car e Willys-Overland, talvez contaminadas pelo belicoso clima da época, se vissem no meio de uma luta bastante acirrada pela oportunidade de fabricar os novos carros, disputa em que acabou entrando também a Ford Motor Company. Nesse caso, porém, a disputa se deu no campo da concorrência empresarial, com as três empresas brigando palmo a palmo em todas as etapas da licitação, que culminou com a vitória da Willys, embora o primeiro protótipo aprovado tenha sido de autoria da Bantam.

Disputas jurídicas à parte – terminada a guerra, a briga foi parar na Justiça –, o fato é que o Jeep, que ainda não tinha esse nome, tornou-se então estratégico não só para as manobras do exército americano, mas também para a movimentação das forças aliadas do Canadá, da Inglaterra, da Austrália e da Nova Zelândia. Não por outra razão ainda hoje ecoa o lendário *slogan* de que o Jeep é o veículo "que ajudou a vencer uma guerra mundial".

Com o tempo, a origem militar do Jeep acabou ofuscada, principalmente depois de ele ganhar o sobrenome "Universal", logo após o fim da guerra, quando a Willys vislumbrou a possibilidade de o carro ser utilizado – e bem utilizado – também pela população civil.

Bantam BRC 60: modelo piloto com um soldado em uma prova de teste através da floresta.

DUROS DE AGUENTAR

Antes do surgimento do veículo militar ideal, tentou-se adaptar e construir diversos veículos comerciais para atender o exército americano. Em 1923, o Ford modelo T, por exemplo, foi testado com algum êxito para esse propósito. Como atolava na areia e na lama com muita facilidade, seus pneus originais foram substituídos por outros mais largos. Ainda assim, apesar da considerável melhora em seu desempenho, por ser muito pesado, era difícil manobrá-lo.

A origem

Durante a década de 1930, a Marmon Herrington Company, de Indianápolis, Indiana, desenvolveu veículos de uso militar a partir de carros civis, também com relativo sucesso. Destacaram-se então o Ford 1½ ton e o International D2, ambos com tração integral 4x4, que se tornou uma especialidade da empresa.

Em 1939 foi a vez da fabricante Dodge se tornar a principal fornecedora americana de veículos 4x4 na categoria ½ ton. O Dodge T 202 WC/3, que fez sucesso na época, acabou substituído, em 1941, pelo Dodge WC 56, de ¾ ton com tração 4x4.

Um pouco antes, porém, em 1938, a Ford já havia convertido para 4x4 o Ford de Luxe Fordor, em conjunto com a Marmon Herrington, dando-lhe a designação F/M.H. 01A73B. Pesados e lentos, nenhum desses veículos se locomovia bem em terrenos acidentados.

Ainda em 1937, o major Robert G. Howie e o sargento Melvin C. Willey criaram, especificamente para o exército americano, o transportador de metralhadora Howie-Willey, um veículo leve, para ataque e reconhecimento. Projetado para transportar dois passageiros de bruços, ele logo ganhou o apelido de Belly-Flopper ("barrigada"). Os principais componentes de seu chassi, inclusive o motor, vinham de um velho automóvel Austin. A distância entre eixos era de 190 mm. O estranho veículo tinha tração dianteira, com o motor montado na traseira e altura bastante reduzida (830 mm). A metralhadora ficava à frente dos pilotos; o motorista operava a embreagem e o freio com os pés e a direção por meio de uma alavanca. O veículo era leve e manobrável, mas sua velocidade máxima era de apenas 28 km/h. Por outro lado, a relação peso-potência era considerada relativamente boa. O problema do Belly-Flopper estava na ausência de molas: o amortecimento ficava a cargo dos pneus, o que o tornava um veículo muito duro, fato agravado pela pequena distância que ele mantinha do solo, característica que maltratava demais os soldados que ficavam de bruços. Como não tinha tração nas quatro rodas, era também inadequado para terrenos acidentados.

O major Howie, no entanto, estava convencido de que sua máquina, apesar das óbvias deficiências, poderia ser aprimorada até se tornar um veículo prático de uso militar. Em março de 1940, ele levou vários representantes da indústria automobilística para examinar o Belly-Flopper.

Transportador de metralhadora Howie-Willey, apelidado de Belly-Flopper.

A conclusão, porém, não foi das melhores. Delmar Roos, vice-presidente executivo e engenheiro-chefe da Willys-Overland, um dos convidados, disse que nunca tinha visto nada parecido com aquela "geringonça", comentando em seguida: "Esse Belly-Flopper não se parece em nada com um automóvel. Está mais próximo de um cruzamento entre um patinete pequeno e um trampolim sobre rodas". Apesar disso, todos admitiram que a partir daquela ideia poderia ser desenvolvido um carro militar prático de reconhecimento.

No entanto, diante das proporções que a guerra assumia na Europa, não era mais possível adiar a convocação dos fabricantes de veículos para o desafio de projetar e produzir o batedor militar ideal. O objetivo do exército americano, portanto, passou a ser aprovar o novo protótipo a partir da reunião das melhores soluções apresentadas.

A SOMA DE TODOS OS PROJETOS

Quando se lançou na empreitada de conseguir um veículo criado especialmente para ações militares, o exército dos Estados Unidos tinha uma estratégia. Para eles, era clara a necessidade de não depender de um único fornecedor, principalmente quando muitos fabricantes ainda trabalhavam sem tecnologias e soluções inovadoras. Outra justificativa para seus planos estava na grande demanda por veículos militares que estava por vir.

Falava alto na época a urgência de poder contar com uma produção em série, com preço baixo e projeto próximo do ideal. Isso explica por que tantas adaptações foram testadas, com modelos comerciais transformados em protótipos de carros militares. O momento exigia, porém, veículos que nascessem militares desde o projeto.

Antes de convocar os fabricantes do país para a nova empreitada, era preciso ter certeza de que tudo já havia sido tentado. Por isso, nos dias 20 e 21 de junho de 1940, os militares americanos fizeram uma última visita às modestas instalações da American Bantam Car, na cidade de Butler, Pensilvânia. Ali os oficiais acabaram por rejeitar o que fora apresentado, por considerar os veículos leves demais.

No mesmo período, o presidente da Willys-Overland, Ward M. Canaday, discutia com o vice-presidente Delmar G. Roos, responsável pela área de desenvolvimento de produtos da empresa, a realização de estudos para a mesma demanda.

Em pouco tempo o rigoroso edital militar foi lançado, anunciando que, além de atender às especificações exigidas para

A origem

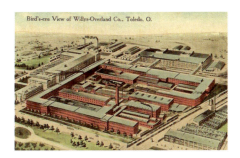

Willys-Overland Co., em Toledo, 1915.

o carro, a empresa vencedora deveria apresentar o menor lance e seguir à risca os seguintes prazos: fabricar, em 49 dias, o protótipo com motor completo para testes de durabilidade e, em 75 dias, entregar setenta veículos já com as alterações indicadas pelos testes.

Na proposta encaminhada pela Willys-Overland, a empresa contestou a exigência de peso e os prazos, solicitando 75 dias para o protótipo e mais 120 dias para os veículos de testes – no que não foi atendida. Na ocasião, o vice-presidente Roos fez uma observação pertinente, mais tarde relembrada, dizendo que nenhum veículo com aquelas especificações poderia ser construído com apenas 590 kg.

A American Bantam, por sua vez, não titubeou e saiu na frente, apresentando dentro do prazo o primeiro protótipo do futuro Jeep, obviamente ainda com outro nome. Por dispor então de pouco trabalho e com a possibilidade de falência, a empresa vislumbrara no contrato com o exército dos Estados Unidos a salvação de seus negócios. Fundada em 1937 para construir uma versão melhorada do velho carro americano Austin Mini, a Bantam já não vendia quase nada, por causa do interesse cada vez menor dos americanos por carros pequenos.

Mas essa não era a única ameaça que rondava a Bantam nessa empreitada, por mais que ela tivesse vencido a primeira etapa da concorrência militar e apresentado o protótipo a tempo: sobre ela pesava também a desconfiança de muitos militares diante de suas modestas instalações e reduzida capacidade produtiva. Duvidavam de que a empresa conseguisse atender à necessidade de grande produção em série.

Mesmo assim, a American Bantam não desistiu, lançando-se a uma admirável cruzada. No futuro a empresa acabaria preterida em nome da guerra e da velada estratégia do exército de

Austin March, fabricado pela American Bantam, 1938.

reunir o melhor de todos os projetos concorrentes. É incontestável, porém, a autoria da American Bantam em relação ao primeiro protótipo americano do carro militar batedor, por ela apelidado primeiro de Bliz Buggy e, mais tarde, de Old Number One.

UMA BATALHA FORA DOS CAMPOS

Quando a American Bantam venceu a primeira etapa da concorrência, em meados de 1940, ela não tinha em seu quadro de profissionais nenhum engenheiro com o conhecimento necessário para a nova empreitada.

Quem assumiu a missão, a pedido da empresa, foi Karl Probst, um experiente engenheiro autônomo, com passagem por várias companhias automobilísticas e que fora recrutado pelo Comitê Consultivo da Defesa Nacional, encabeçado por William S. Knudsen, ex-presidente da General Motors.

Probst, que aceitou o desafio "patriótico", iniciou suas atividades na Bantam em 17 de julho de 1940, sem receber salário. Em dois dias concluiu projetos e desenhos, tornando-se o "pai" do futuro e lendário Jeep.

Concluída essa etapa, o protótipo de construção artesanal foi finalizado em 21 de setembro. Poucos dias depois, o Bliz Buggy, como foi chamado, deveria ser entregue aos militares em Camp Holabird, no estado de Maryland, tarefa que Probst e Harold Crist, executivo da Bantam, assumiram pessoalmente. Em vez de camuflarem o veículo em um caminhão, optaram por conduzi-lo aos olhos de todos.

E foi assim que o primeiro protótipo do futuro Jeep seguiu pelas estradas, pesando pouco mais do que os 590 kg exigidos pelo exército. Chegaram ao destino meia hora antes do horário-limite, fixado para as 17 horas daquele dia.

Diante dos olhares curiosos dos soldados, o major Herbert Lawes pegou o volante do carro e acelerou até o campo de provas. Em um curto período de tempo, castigou o veículo. Na volta, proferiu o veredito que entraria para a história, endereçado a Probst: "Há vinte anos dirijo e avalio cada viatura de serviço adquirida pelo exército. Por isso sou capaz de julgar em quinze minutos qualquer tipo de veículo. E este aqui tem tudo para ser absolutamente excepcional. Ele vai fazer história".

Antes de ser dado o sinal verde para a fabricação dos setenta veículos restantes, conforme previa o contrato, uma importante questão precisava ser esclarecida, o que logo foi feito por um general que

A origem

observava os testes: "Afinal, quanto pesa este carro?" Probst sabia que o peso do carro estava acima da especificação do contrato, mas disse a verdade: "Tirando o óleo, o combustível e a água, ele pesa 835 kg. Mas é provável que esse peso aumente entre 14 e 23 kg com os reforços a serem feitos nos pontos fracos que os testes detectarão".

Houve um instante de silêncio e de hesitação, já que o peso do veículo era bem superior àquele delimitado pelo exército. Um general de cavalaria entrou em cena e ofereceu uma sábia interpretação das regras: "Se dois homens conseguirem tirá-lo de uma vala, nós precisamos dele". Foram as palavras de um homem de cerca de 1,80 m de altura e 115 kg. Ele caminhou até o Bliz Buggy e, sozinho, levantou sua traseira do chão, para em seguida lançar aos outros um olhar de aprovação.

O pequeno carro batedor de fato começava a fazer história, exatamente como previra o major Lawes. Mas essa história estava apenas começando e prometia seguir rumos bem diferentes daqueles imaginados pela American Bantam.

O PRIMEIRO PROTÓTIPO

Atravessar milhares de quilômetros de estradas e terrenos praticamente intransponíveis nas mãos de experientes e exigentes militares foi o batismo de fogo do protótipo do Bliz Buggy. O relatório final dizia o seguinte: "O veículo demonstrou ampla potência e todos os requisitos para o serviço". Era o sinal tão esperado para que o Conselho Militar dos Estados Unidos autorizasse a construção dos setenta veículos, cujo contrato precisou ser revisto para contemplar o maior peso apresentado pelo protótipo.

O Bantam modelo-piloto ano 1940, mais conhecido como Bliz Buggy e Old Number One, tornou-se assim o primeiro jipe militar da história do automóvel.

A primeira revisão por que passou aconteceu apenas no início de 1941, depois que o protótipo se envolveu em um acidente de trânsito e precisou ser levado para a fábrica, em Butler, onde acabou desmontado. Suas peças terminaram por ser incorporadas ao novo veículo que a Bantam já estava construindo, chamado oficialmente de Bantam Reconnaissance Car modelo 60, o BRC-60, que também recebeu um segundo nome, Mark II.

O Bantam Old Number One saindo de um lamaçal durante teste realizado por oficiais do exército.

Clássicos do Brasil

Novo protótipo com para-lama dianteiro de linhas retas e para-brisa dividido por chapa de aço, exigência do exército para deixá-lo com aspecto mais militar.

O BRC-60 incorporou as alterações sugeridas pelos testes que o exército fez com o Old Number One, que mostraram pontos fracos e a necessidade de reforços e de pequenos aperfeiçoamentos mecânicos. Externamente, ele passou também por algumas mudanças: a inclusão de para-lamas dianteiros de linhas retas, que substituiu o antigo, que acompanhava a linha das rodas e era muito curvo; a colocação de para-brisa dividido por chapas de aço; além de outros equipamentos que o deixaram com aparência mais militar. O exército acreditava que o protótipo tinha um desenho "muito civil", mais parecido ao de um carro de passeio.

Todos os setenta veículos previstos pelo contrato do exército com a American Bantam foram produzidos artesanalmente e distribuídos da seguinte forma: quarenta para a infantaria, vinte para a cavalaria e dez para a artilharia de campo.

UM DAVI ENTRE DOIS GOLIAS

Nunca foi fácil para a American Bantam se manter na concorrência que definiu a criação do novo carro militar dos Estados Unidos. As maiores desvantagens da empresa eram a infraestrutura deficiente, ainda muito artesanal, e a falta de capital para investimentos que revertessem esse quadro e a ajudassem a suportar a demanda do exército para a Segunda Guerra Mundial.

Para piorar a situação, estavam no páreo, mesmo que perdendo para ela na primeira parte da concorrência, empresas maiores e mais poderosas: a Willys-Overland e a Ford Motor Company, respectivamente segunda e primeira maior fabricantes de veículos da época. Desde o início, a Willys disputava a concorrência lado a lado com a Bantam. Já a Ford Motor foi chamada pelo próprio exército quando a produção em grande escala se fez urgente.

Outro fato que prejudicou muito a Bantam nessa disputa foi a falta de confidencialidade do processo, uma vez que dois executivos da Willys, Delmar Roos e

A origem

À esquerda: Protótipo Quad Model M, da Willys-Overland (1940), modelo parecido com o Bantam. À direita: Protótipo Pygmy, da Ford Motor Company (1940), modelo também parecido com o da Bantam e que gerou protestos por parte desta empresa, embora o exército alegasse ser o dono do projeto.

Gene Rice, estavam entre os convidados do exército para assistir aos primeiros testes do Old Number One. Resultado: diante da agilidade, da resistência e das linhas compactas do protótipo apresentado pela Bantam, Rice retornou à fábrica da Willys, em Toledo, decidido a estimular seu grupo de engenheiros a aproveitar as ideias da concorrente que vira em Camp Holabird.

E assim ele fez, porque, pouco tempo depois, no dia 11 de novembro, dois protótipos denominados Willys Quad foram entregues pela empresa aos militares. Tinham opção de tração nas duas ou nas quatro rodas, e um ainda possuía direção nas quatro rodas, recurso recusado posteriormente devido ao baixo desempenho nos testes de manobra.

A Ford Motor Company, por sua vez, também convidada especial do exército, criou o protótipo Pigmy (Pigmeu), entregue em 23 de novembro. O Pigmy trazia inovações como um capô mais quadrado, faróis embutidos na grade e reforço no meio do para-brisa, todas muito elogiadas e mais tarde adotadas como padrão, inclusive pelos concorrentes.

A convocação simultânea de mais dois concorrentes, independentemente do resultado da primeira parte da licitação a favor da Bantam, deu aos três protótipos – Old Number One, Willys Quad e Pigmy – um formato geral muito parecido, daí o protesto da primeira empresa, que alegava ter sofrido plágio. O exército respondeu estar dentro de seus direitos: primeiro, de acordo com os oficiais, porque as especificações do edital eram comuns a todos; segundo, porque a própria Bantam permitiu que os demais concorrentes examinassem seu protótipo.

Foi assim que a estratégia do exército dos Estados Unidos, que antes de mais nada buscava estimular a disputa entre as empresas a fim de reunir as melhores soluções, começou a ficar mais clara para todos.

O momento de apreensão mundial diante da guerra, afinal, deu a razão aos militares.

Os três protótipos logo foram submetidos a testes de campo, com todos os resultados de desempenho devidamente anotados. Ainda assim o exército não conseguiu se definir e acabou por encomendar a cada um dos três fabricantes, em 14 de novembro, a pré-produção de 1.500 veículos, o que resultaria num total de 4.500 unidades à sua disposição.

Era o início de mais uma etapa de importantes testes antes de se decidir qual empresa faria história ao gravar seu nome no primeiro carro batedor do exército dos Estados Unidos.

POR QUE SE TORNARAM TÃO RAROS?

A fase de pré-produção dos carros batedores foi inaugurada pela Ford, que passou a trabalhar em cima de seu protótipo Pigmy, apenas atualizando partes dele. Como era de esperar, o novo modelo precisaria de um novo nome, e logo passou a ser chamado, internamente, de Ford GP. A sigla GP, cuja pronúncia em inglês é muito parecida à da palavra "jeep", se referia a termos criados pela engenharia da Ford: o G indicava projeto feito para o governo e o P, carro com distância entre eixos de 203 mm. No final foram produzidas 4.456 unidades desse modelo, três vezes mais do que havia sido encomendado, o que explica por que ainda hoje existem cerca de duzentos deles.

O modelo da Bantam, por sua vez, batizado de BRC-40, abreviação de Bantam Reconaissance Car 1940, teve 2.605 unidades produzidas, restando menos de cem na atualidade.

Ford GP em teste de avaliação por soldados no Campo de Holabird, 1941.

O BRC-40 (Bantam Reconnaissance Car), 1940.

A origem

Já dos carros Willys MA, que apresentavam um capô mais liso que o do protótipo Quad e cuja sigla vinha de "Model A", apenas 1.553 unidades foram fabricadas. Por essa razão ele é atualmente o mais raro, não restando mais que trinta veículos em todo o mundo.

O MELHOR E O PIOR DE CADA UM

À primeira vista, os três primeiros carros fabricados pela Bantam, pela Willys e pela Ford eram bastante parecidos. Em ação nos campos de provas, porém, as diferenças entre o BRC-40, o Willys MA e o Ford GP se tornavam mais evidentes, facilitando a tarefa do exército de registrar os pontos positivos e negativos de cada um.

Para começar, nenhum dos três modelos atendia ao peso máximo de 590 kg, o que acabou não sendo um problema: a decisão de aumentá-lo para 890 kg já havia sido acertada nos contratos de pré-produção. Mesmo assim, a Bantam foi a única que conseguiu atender à nova exigência: seu BRC-40, construído a partir do Old Number One, pesava 880 kg, daí a vantagem que apresentou em matéria de agilidade na realização de manobras. Tanto o carro da Willys quanto o da Ford, por outro lado, pesavam mais de 1 ton (unidade do sistema de medidas americano equivalente a 907 kg).

No entanto, se a Bantam tinha a preferência no quesito leveza, perdia em potência, já que seu motor Continental de 46 cv (assim como o do automóvel Ford, de 47 cv) não era páreo para o L134 "Go Devil" da Willys, de 61 cv, testado por anos no automóvel Willys Americar, então considerado o melhor motor de quatro cilindros dos Estados Unidos. Com melhor aceleração, ele fazia o Willys MA atingir a velocidade de 118 km/h em menos tempo. Nos testes em boas estradas, o melhor desempenho em potência continuava sendo do Willys, que atingia 120 km/h contra 103 km/h do Bantam e 95 km/h do Ford. A favor do MA havia ainda os resultados dos testes de subida de rampa. Por causa da potência, porém, o Willys MA não ficou com o primeiro lugar no quesito consumo de combustível, vencido pelo BRC-40. Na comparação, a Bantam ganhou também em frenagem, justamente por ser mais leve.

Em relação às peças utilizadas, a Willys recorreu a 65% do que já era usado na linha de montagem do Willys Americar, diferentemente da Ford e da Bantam, que buscaram novidades, esta última lançando

Após modificações e melhorias no Willys Quad, nasce o modelo Willys MA, 1941.

mão de cardã, câmbio e eixos do Studebaker Champion, os mesmos que mais tarde seriam usados no futuro modelo Jeep.

Na avaliação final do exército, o projeto da Willys foi considerado o melhor, com a Bantam surpreendendo em segundo lugar e a Ford na última colocação. Segundo os militares, o Willys MA mostrou-se mais valente, principalmente pela potência maior. O relatório conclusivo apontou que o novo veículo militar padrão deveria se basear no chassi Willys, embora devesse incluir ainda as melhores características dos dois modelos concorrentes. Pesou também na decisão o receio dos militares diante da fragilidade empresarial da Bantam. Assim, no dia 23 de julho de 1941, bateu-se o martelo para a produção em grande escala do novo veículo.

CONTRATO SEM EXCLUSIVIDADE

Não foi exatamente o modelo Willys MA que entrou em produção tão logo o exército dos Estados Unidos anunciou a vitória da Willys-Overland na disputada concorrência.

Por causa das modificações que se fizeram necessárias após os últimos testes, incluindo a orientação do exército de incorporar o que a Bantam e a Ford haviam apresentado de melhor, o novo modelo, já com a aparência que o tornaria conhecido no mundo inteiro, foi batizado de "Willys MB" (Model B). Para os militares, porém, tratava-se do "Truck ¼ ton Command and Reconaissence Light Vehicle", ou seja, veículo leve de ¼ ton para comando e reconhecimento.

O primeiro contrato com a Willys previa a fabricação de 16.000 veículos, 125 por dia, obrigando as linhas de produção da empresa a trabalharem em ritmo bastante acelerado. A Bantam e a Ford foram deixadas de lado – embora não por muito tempo.

A origem

A situação mudou para a Ford, mais do que para a Bantam, quando em 7 de dezembro de 1941 o Japão atacou Pearl Harbor, fazendo os Estados Unidos, da noite para o dia, entrarem para a Segunda Guerra Mundial.

A maciça demanda de guerra obrigou o país, de uma hora para outra, a contar com um número de carros militares jamais imaginado. Isso explica por que a Willys teve de conceder ao governo dos Estados Unidos uma licença de não exclusividade, ou seja, entregar projetos, especificações e segredos a uma velha concorrente e permitir que fabricasse o veículo.

A escolha da Ford para essa missão, segundo os militares, deu-se por sua inigualável capacidade produtiva, já que havia anos ela ocupava o lugar de primeira fabricante de automóveis dos Estados Unidos. Por outro lado, a Bantam, por mais que tivesse sido a autora do primeiro protótipo e tivesse condições de suprir parte da demanda de guerra, não foi convocada, a não ser para produzir a carreta MBT, que, ironicamente, devia ser rebocada pelo carro militar que ajudara a criar.

Willys MA, 1941.

A encomenda de 15.000 veículos foi entregue à Ford em 10 de novembro de 1941. O carro foi chamado de "Ford GPW" (General Purpose Willys), indicando que foi construído dentro do padrão de desenho da Willys. A diferença em relação ao Willys MB estava na grade dianteira, feita com barras de aço soldadas: elas eram estampadas e com oito grades. O Willys, essa peça, que, aliás, deu ao carro o apelido de "Slatt Grill" (grade de grelha), tinha apenas seis grades, mudando para oito mais tarde.

Ford GPW (General Purpose Willys) em missão com o exército americano.

O Jeep Willys foi o veículo mais usado por exércitos do mundo todo, como este exemplar na Bélgica.

ESTREIA SOB FOGO CRUZADO

Durante a Segunda Guerra Mundial, Willys e Ford fabricaram juntas mais de 700.000 encomendas dos modelos Willys MB e Ford GPW, com a primeira fornecendo ao exército um pouco mais da metade – 368.000 unidades.

Os modelos se diferenciavam um do outro apenas pelo "F" estilizado da Ford, marcado para agilizar a reposição em caso de defeito de fabricação. Ambos, porém, foram usados em sua maioria pelos militares americanos e pelas Forças Aliadas do Canadá, da Inglaterra, da Austrália e da Nova Zelândia. Houve versões adaptadas como anfíbios, ambulâncias, tratores e meias-lagartas, todos com peças intercambiáveis.

De vital importância para todas as ações militares como reconhecimento e transporte de alimentos, de armas e de feridos, o Jeep, como afinal ficaria conhecido, carregou metralhadoras, canhões de 37 mm, munição, cabos e cargas. Também puxou arados para abertura de trincheiras e foi usado como carro de comando pelos oficiais. Seu capô foi transformado em altar pelos capelães, para celebração de missas campais.

A Força Aérea usou o Jeep para rebocar aviões nos aeroportos e servir

Por ser um veículo leve, o Jeep podia ser transportado no avião Douglas C-47 Skytrain.

A origem

como torre de controle móvel. Totalmente equipado, podia ser facilmente carregado em aviões de carga, como o Douglas C-47 Skytrain, o que lhe permitia chegar rapidamente à linha de frente das batalhas.

Willys MB, 1943.

UMA PERGUNTA COMPLEXA

"De quem é, afinal, a autoria do Jeep?" Quase meio século depois de ter gerado uma das batalhas mais difíceis da história do primeiro carro militar dos Estados Unidos, o off-road por excelência, essa pergunta ainda não tem resposta fácil e precisa.

Levada ao Senado e aos tribunais nos anos 1940, principalmente porque a American Bantam se sentiu lesada com o resultado final da concorrência de que participou, a discussão encontrou então argumentos de toda parte.

Em seu depoimento perante um comitê do Senado, Frank Fenn, da Bantam, foi enfático em relatar que seu protótipo Old Number One era ostensivamente observado pelos concorrentes. "Vi pessoalmente representantes da Ford Motor Company embaixo do nosso carro, na vala de troca de óleo dos veículos, no campo militar de Holabird, munidos de pranchetas e copiando à mão livre a configuração do carro da Bantam".

A observação foi confirmada por um oficial superior da Infantaria, que descreveu: "Os modelos da Ford e da Willys-Overland são cópias do desenho do modelo original Bantam". Fenn acrescentaria que nunca pensou que o exército fosse mobilizar três empresas naquela única concorrência para, afinal, dividir o resultado entre elas, sem que isso tivesse sido comunicado desde o início.

Contra a posição da Bantam, por outro lado, destacou-se um representante do exército, confirmando a ideia original dos militares de ter um carro a partir de "esforço colaborativo". Na ocasião, ele enfatizou que o crédito pelo projeto original não poderia ser reivindicado por nenhum fabricante ou indivíduo. "O veículo resultou de muita pesquisa e muitos testes. Engenheiros do exército, militares e civis, no Quartel de Intendência de Holabird, fizeram a maior parte do trabalho", declarou. Outro militar ainda completou que "não havia uma única peça original fabricada e montada no veículo, já que a Bantam nem mesmo era uma linha de produção".

Diante de tão acaloradas discussões, a questão sobre a autoria do Jeep precisou ser reformulada. A Bantam nunca alegara que o Jeep foi produzido com peças do seu protótipo, nem que era a fabricante dos seus principais componentes. O que a empresa exigia era o reconhecimento da autoria do primeiro protótipo do veículo militar original, o "Old Number One", que serviu de base para as modificações posteriores da "participação colaborativa" e deu origem ao off-road mais famoso do mundo.

Nisso a Bantam sempre esteve certa, porque de suas instalações saiu o primeiro protótipo, de Buter partiu o primeiro carro militar conduzido até Holabird, a olhos vistos pelas estradas, dentro do prazo previsto pelo primeiro edital do exército. Daí a vitória da empresa sobre os concorrentes naquele momento, o que decididamente não pode ser contestada pela história.

O JEEP SE TORNA CIVIL

Quando a guerra chegou ao fim, em 1945, a Willys-Overland não foi pega de surpresa. Por causa da fama que o carro adquirira nos campos de batalha, logo a empresa vislumbrou um promissor mercado civil ávido pelo veículo.

O *slogan* "O sol nunca se põe sobre um Jeep Willys" falava alto ao imaginário popular, reforçado por anúncios que, além de informações sobre as batalhas, ressaltavam "o poder e a força do versátil Jeep para as muitas necessidades nos anos de reconstrução". Não faltavam ali detalhes sobre a funcionalidade e a capacidade de mutação do Jeep, que, diziam, não se restringia apenas ao transporte.

Aquele era o momento de o Jeep ganhar contornos civis, ideia que a Willys

Campanha publicitária da Willys-Overland com o *slogan* "Nascido para a guerra, pronto para a paz".

A origem

logo tratou de reforçar, reformulando sua propaganda com novos *slogans*: "O Jeep em trajes civis" e "Nascido para a guerra, pronto para a paz".

O último carro de contornos militares foi construído em 20 de agosto de 1945. Chegara, então, a vez do Jeep civil, começando por um protótipo chamado de CJ-1 (Civilian Jeep-1), com versões posteriores denominadas CJ-1A e CJ-2, este último também conhecido por "AgriJeep" – apenas 37 deles podem ser encontrados atualmente.

O nome AgriJeep, escolhido porque o carro seria perfeito para uso agrícola, corria o risco de restringir seu mercado. Por isso, a Willys optou pelo termo "Jeep Universal" CJ-2A, mais apropriado às suas intenções comerciais.

Decididamente, a Willys saía na frente, registrando o nome Jeep como marca e, assim, afastando de vez a Ford do caminho de seu off-road. Já a Bantam ficara para trás havia muito tempo e desaparecera do setor de automóveis.

Restava à frente, para a Willys, um mercado no qual, por muito tempo, não haveria um único concorrente.

Propaganda do Jeep incentivando o uso comercial, para trabalho e lazer.

CAPÍTULO 2

A CHEGADA AO BRASIL

POR ETAPAS

Jeep Willys americano CJ-3B.

A Segunda Guerra Mundial deixou marcas profundas no mundo todo, e com a indústria automobilística brasileira, ainda nos seus primórdios, não foi diferente. O histórico era o de um mercado que precisava de carros, mas não encontrava oferta de produtos nacionais. Além disso, a importação de veículos leves e pesados retirava do país divisas imprescindíveis para a economia.

Como se não bastasse essa conjuntura econômica difícil, ao fim do conflito a frota brasileira estava bastante prejudicada em decorrência de um longo período sem importações. E para os anos seguintes nada prometia mudar.

Foi só no começo dos anos 1950 que a indústria nacional retomou seu curso, principalmente por conta da atuação do almirante Lúcio Meira. Idealista, foi um dos principais articuladores da criação de uma indústria automobilística nacional. Incumbido da missão de ajudar no desenvolvimento da fabricação de automóveis inteiramente brasileiros, Meira saiu em viagem em 1952 e 1953 para prospectar investidores, visitando empresas nos Estados Unidos e na Alemanha, Itália, França e Inglaterra, com a promessa de concessões cambiais e outros incentivos fiscais.

Um dos principais retornos dessa missão foi o canal aberto com a americana Willys-Overland, que já vinha contribuindo para o desenvolvimento do cenário

A chegada ao Brasil

automobilístico do Brasil. Durante os seis anos anteriores à sua chegada ao país, a empresa exportara o Jeep CJ-3B para o exército brasileiro, cujo comando ficara impressionado com o desempenho do veículo nos campos de batalha da Itália.

O processo de importação do Jeep Willys, que culminaria com a vinda da própria Willys-Overland para o Brasil, começou pelas mãos de Euclydes Aranha, filho do eminente Oswaldo Aranha, nome forte na política brasileira da época e ligado ao presidente Getúlio Vargas. Graças à influência do pai, Euclydes teve livre trânsito na esfera militar americana durante o longo período que passou naquele país nos anos da guerra. Ele foi uma espécie de embaixador para tratar de assuntos de interesse do Brasil, mas sem as credenciais oficiais. Assim, conheceu o Jeep. Euclydes logo vislumbrou que aquele era o veículo de que o país precisaria depois que a guerra terminasse, por conta de sua extraordinária capacidade de trafegar em qualquer terreno, atributo importante numa época em que a malha rodoviária brasileira contava com apenas 1.000 km de estradas pavimentadas.

O COMEÇO DA IMPORTAÇÃO

A família de Euclydes era proprietária de uma importadora de veículos chamada Gastal S.A., no Rio de Janeiro, e ele conseguiu que a Willys-Overland o nomeasse representante para o Brasil. Iniciou-se assim, em 1947, a importação do Jeep modelo CJ-3A, cujos exemplares chegavam por via marítima, desmontados (completely knocked-down, CKD) e em caixas, e seguiam de trem até um subúrbio carioca, onde eram montados paulatinamente com mais conteúdo nacional. O volume, porém, era pequeno, insuficiente para atender um mercado carente de veículos. Eram tão poucos os Jeeps que, para conseguir um em pouco tempo, só com a influência de algum parlamentar ou de um funcionário do alto escalão do Ministério da Fazenda.

Jeep Willys americano CJ-3A, 1951.

As características do veículo em si já correspondiam à necessidade do país, mas cabe lembrar que os feitos do Jeep eram divulgados pela imprensa à medida que a Segunda Guerra Mundial se desenrolava, gerando ainda mais interesse. É importante salientar também que veículos de tração 4x4 simplesmente não existiam até então, e isso constituía enorme e especial atrativo, particularmente para quem precisava de um transporte com elevada capacidade de tração. Sem mencionar que era um veículo diferente, divertido... e conversível!

A Willys-Overland estava atenta aos mercados de baixa renda emergentes, como Brasil e Índia. Por isso, estabeleceu no Rio de Janeiro, bem no começo dos anos 1950, um escritório da sua divisão de exportação e acompanhava com atenção as importações feitas pela Gastal. O gerente da sucursal, então, submeteu à direção da empresa nos Estados Unidos um dossiê de convencimento, preparado pelo representante da Chrysler no Brasil, realçando a oportunidade de estabelecer a fabricação do Jeep no país. A

Willys mostrou-se interessada na ideia, desde que não precisasse fazer investimentos, ou seja, que o empreendimento fosse bancado localmente.

A Gastal levou a proposta da Willys-Overland aos seus subdistribuidores – já havia uma pequena rede Willys –, que aderiram ao plano de fundar a Willys-Overland Motores do Brasil S/A e fabricar veículos, algo que parecia impossível, um sonho distante. Os subdistribuidores passariam a ser sócios de um fabricante e teriam voz ativa, algo que nenhuma outra rede tinha, totalmente submissas que eram aos desígnios das matrizes.

A Willys participaria da empresa como cotista, cedendo direitos e transferindo tecnologia. Após contratar o tal representante da Chrysler que elaborara o dossiê, a empresa – sem a palavra "motores" no nome – foi fundada em 26 de abril de 1952, com sede no Rio de Janeiro. A atividade de importação CKD prosseguiu, já sem intermediação da Gastal, ao mesmo tempo em que aumentava a aplicação de conteúdo local.

PRIMEIRA ETAPA

Nesse ínterim, entrou em cena o poderoso industrial americano Henry Kaiser. Conhecido como o "rei do alumínio" com sua Kaiser Aluminum Co., famoso e rico por causa da construção

seriada de navios de transporte durante a guerra, os Liberty Ships (navios da liberdade), o empreendedor passara a dono da Willys-Overland Motors Inc., e queria que a Willys brasileira passasse

A chegada ao Brasil

de montadora a fabricante. A morte de Getúlio Vargas, em agosto de 1954, e a instabilidade política que se seguiu adiaram um pouco os planos de Kaiser, que eram os de fabricar 50.000 veículos por ano ao preço de 2.000 dólares, com 30% de peças nacionais.

Sobrevoando fazendas em São Bernardo do Campo, o piloto particular de Kaiser avistou um platô perto de duas estradas, uma que ligava a área a São Paulo e outra, ao porto de Santos. Era o local ideal para construir a fábrica. Para supervisionar todo o projeto, Kaiser nomeou o americano William Max Pearce, engenheiro e piloto de caça na Guerra da Coreia, terminada havia pouco. Para presidir a empresa, veio Hickman Price, gerente de exportação da Kaiser-Frazer, marca americana absorvida pela Kaiser após lançar o primeiro carro americano no pós-guerra, em 1946, e entrar em grave crise financeira.

Sem perder tempo, a Willys construiu um amplo prédio para a linha de montagem, que incluía até um restaurante industrial para funcionários. No final de 1954, a empresa se orgulhava do fato de 30% das peças do Jeep, agora denominado Universal, serem nacionais.

O prédio foi carinhosamente apelidado de "Barracão" pela Willys, que se autodenominava, com razão, como "Pioneira". A construção era simplória, visível da Estrada do Vergueiro, e exibia a enorme logomarca Jeep em néon. Curiosamente, esse prédio ainda existe: é o Galpão 4 do complexo de construções pertencente hoje à Ford.

O entusiasmo de Henry Kaiser levou-o a criar uma fábrica para produzir os eficientes e econômicos motores Willys de cabeçote em "F", o F-Head, com válvulas de admissão, mantendo as de escapamento no bloco. A empreitada fez a matriz instalada em Toledo, Ohio, nos Estados Unidos, destinar 3,4 milhões de dólares, em valores da época, à Willys-Overland do Brasil. Com esse montante foram compradas máquinas e ferramentas. O valor de 1,6 milhão de dólares, recebido aos poucos, completou as operações da fábrica.

Vista aérea da Willys--Overland do Brasil, em São Bernardo do Campo, SP.

O então governador de São Paulo Jânio Quadros e o presidente da República Juscelino Kubitschek, 1958.

Em seguida, Price comprou a fundição das Máquinas Piratininga, em Taubaté, SP, visando viabilizar o fluxo de fornecimento e o controle industrial. Mais tarde, em 1958, ele desmentiu engenheiros americanos que diziam ser impossível fundir blocos de motores no Brasil, alegando que o clima tropical não daria bom comportamento mecânico aos metais. Hickman Price acabou trocando a Willys-Overland pela Mercedes-Benz do Brasil, para pouco depois voltar aos Estados Unidos e ser ministro no governo Kennedy.

A primeira unidade fabril foi instalada em uma área coberta de 8.400 metros quadrados em um terreno de 153.144 metros quadrados, às margens da Via Anchieta, no bairro do Taboão, em São Bernardo do Campo. A inauguração se deu em 1958, com a presença de Juscelino Kubitschek, do então governador de São Paulo, Jânio Quadros, e de outras autoridades. No mesmo ano, a Willys do Brasil produziu o primeiro motor a gasolina para carros de passeio do país, o BF 161 de seis cilindros, com o mesmo tipo de cabeçote em "F", de 90 cv de potência bruta. O bloco fora fundido no Brasil na unidade de Taubaté.

Logo depois, teve início a segunda etapa de instalação da Willys no país, com a fabricação de transmissões e da estamparia até a nacionalização quase completa dos veículos Willys, alcançada ainda em 1960.

Da fábrica do Taboão, com capacidade para produzir de 20.000 unidades por ano em um turno, saíam também, além de peças, a Rural e, um pouco mais tarde, o Aero-Willys.

FÁBRICAS DA WILLYS PELO BRASIL

Nos anos 1950 e 1960, época em que o Brasil avançava eufórico rumo à sua industrialização, a Willys-Overland não perdeu tempo e lançou novas unidades fabris, ao mesmo tempo em que atendia à nacionalização progressiva dos seus veículos. Assim, unidades foram criadas em Santo Amaro e Taubaté, no estado de São Paulo, e em Jaboatão e Olinda, no estado de Pernambuco.

A Willys Taubaté foi criada em 1960 e oficialmente conhecida por Willys-Overland Motors. A fábrica de Taubaté foi considerada, na época, a maior fundição da América Latina. Com área de 18.310 metros quadrados, ali passaram a ser fundidos todos os blocos de motores Willys de cabeçote em "F", os primeiros a gasolina fabricados no Brasil. Nos coletores de admissão dos motores havia a inscrição "Fundido em Taubaté". Hoje nessas mesmas instalações funciona uma fábrica de motores e transeixos da Ford.

A chegada ao Brasil

Localizada na cidade pernambucana de Jaboatão, a Willys Nordeste foi criada em 1966, tornando-se, em pouco tempo, a primeira fábrica do Brasil de automóveis Jeep propriamente ditos. Sua área ocupava 180.000 metros quadrados e de lá saiu o Jeep que na ocasião foi apelidado de "chapéu de couro", por causa de sua força, semelhante à do povo nordestino. Na mesma unidade fabril foram produzidas a Rural e a picape Jeep. Atualmente a unidade está desativada.

Em Olinda, também em Pernambuco, a empresa abriu seu Posto Avançado Willys-Overland, situado na rodovia BR-101, onde passou a funcionar a Escola de Instruções Técnico-Mecânicas da Willys, além de um almoxarifado. Hoje o local é ocupado por um quartel do exército brasileiro.

Linha de produção do Jeep, na Willys-Overland, São Bernardo do Campo, SP.

Da unidade de Santo Amaro, em São Paulo, saíram os carros esportivos Willys Interlagos, versão brasileira do Alpine A-108 francês, os pioneiros no uso do compósito plástico reforçado com fibra de vidro como material da carroceria. Foram fabricados sob licença da Alpine, na época com fortes laços comerciais com a Renault, que acabou absorvendo-a em 1973.

O PLANO DE METAS DE JK

Pouco após tomar posse, em 31 de janeiro de 1956, Juscelino Kubitschek havia criado o Grupo Executivo da Indústria Automobilística (Geia), um de seus atos mais importantes pela sua visão nacionalista. Coube ao almirante Lúcio Meira a presidência do órgão, que tinha poderes especiais de decisão, de modo a acelerar o processo de implantação da indústria automobilística no país sem burocracia. Se o grupo endossasse um projeto, este era automaticamente aprovado por todos os órgãos oficiais envolvidos. Sydney Latini, o primeiro secretário-executivo do Geia, afirmou em seu livro *A implantação da indústria automobilística no Brasil* (Alaúde, 2007) que, sem isso, as coisas teriam sido bem mais difíceis, ou mesmo impossíveis. O Geia era a síntese dos Planos Nacionais Automobilísticos do governo Kubitschek, a Meta nº 27 do Plano de Metas.

A determinação de estabelecer uma indústria automobilística era consequência da crise do balanço de pagamentos após a guerra, como dito anteriormente, resultado dos crescentes débitos da balança comercial. Estes, por sua vez, levaram a um rígido controle cambial e, principalmente, à substituição de importações, fator que por si só contribuiria para o processo de industrialização do Brasil. De fato, a importação dos veículos e das peças era um dos principais responsáveis pela dramática evasão de divisas.

Cabe notar que o setor de autopeças foi um dos que mais cresceram durante o período da guerra, suprindo o mercado de reposição de modo a manter o parque circulante em funcionamento. Por isso, vislumbrou-se a possibilidade de aproveitar essa indústria para fabricar carros aqui, valendo-se das peças e dos componentes nacionais. Sem essa base de fornecedores, talvez tivesse sido impossível para o Brasil desenvolver uma indústria automobilística própria.

Na cerimônia de inauguração da primeira fábrica da Willys-Overland do Brasil, Juscelino Kubitschek assistiu a um verdadeiro espetáculo. Os primeiros veículos Jeep fabricados no país foram colocados à prova em terrenos íngremes, escorregadios e de areia grossa. Os veículos também foram carregados com vários instrumentos agrícolas para comprovar sua utilidade no meio rural: roçadeiras, perfuradoras, arados, grades, plantadeiras, adubadeiras, plainas traseiras, pás hidráulicas e bombas de irrigação. A parte final da demonstração mostrou um Jeep transformado em carro de bombeiros e outro em ambulância. Na ocasião, o presidente Kubitschek, animado com a contribuição da fabricante para o progresso da indústria automobilística brasileira, condecorou o presidente da unidade brasileira da Willys, Heckman Price Jr., com a Ordem do Cruzeiro do Sul, no grau do cavaleiro.

Em 1957, um cronograma firmado entre a Willys-Overland do Brasil e o governo federal definiu as porcentagens de componentes nacionais, por peso, na fabricação dos veículos, da seguinte forma: até 31 de dezembro de 1956, 50%; até 1º de julho de 1957, 60%; até 1º de julho de 1958, 75%; até 1º de julho de 1959, 85%; e até 1º de julho de 1960, 95%.

Demonstração de Jeep equipados com implementos agrícolas durante a inauguração da fábrica Willys.

A chegada ao Brasil

MOVIMENTAÇÃO ESTRATÉGICA

Assim que a nacionalização dos veículos Willys se completou, a empresa passou a investir na sua rede de assistência técnica. Em 1966, ela se tornou a maior do país, com mais de 450 concessionárias e oficinas autorizadas. Os veículos da empresa eram tão bons e queridos pelos brasileiros, e sua rede de serviços – presente de norte a sul – tão eficiente, que a Ford, desejosa de entrar no segmento de automóveis, pois só produzia picapes e caminhões, começou a considerar a possibilidade de adquirir a Willys-Overland do Brasil.

Como consequência, a Willys e a Ford protagonizaram uma das maiores fusões da indústria automobilística do Brasil, o que exigiu alguns ajustes. A francesa Renault era sócia da Willys brasileira, juntamente com a Kaiser Corporation, que detinha os direitos da marca Jeep nos Estados Unidos.

Após várias negociações, em 1967 a participação da Renault (15%) passou para a Indústria Kaiser Argentina (IKA), com o direito de comercializar a produção brasileira em parceria com a Ford, que adquirira 48% das ações da Willys.

Naquele momento, a Ford decidiu manter a marca Jeep e a produção de toda a sua família de carros: os modelos CJ-5, CJ-6, Rural e F-75. Manteve também o projeto dos carros Corcel, que chegaram a sair de fábrica com a marca Willys nos vidros. Apesar de o Galaxie ter sido lançado naquele ano, foi o Corcel que efetivamente alavancou o aumento da participação da Ford no mercado brasileiro.

Linha completa da Willys-Overland do Brasil em 1966.

CAPÍTULO 3

A EVOLUÇÃO DOS MODELOS

FABRICADOS NO EXTERIOR

As notícias do heroísmo dos pequenos veículos militares nas batalhas da Segunda Guerra Mundial romperam fronteiras, instigando o patriotismo e a imaginação de boa parte da população de todo o mundo, em especial dos Estados Unidos. Ter um dos valentes combatentes na garagem de casa logo se tornou o sonho de consumo do pós-guerra, e a Willys-Overland tratou de realizá-lo em tempo recorde.

Com uma estratégia bastante precisa, a empresa começou, de um lado, a disparar propagandas certeiras para estimular ainda mais aquele desejo e, de outro, rapidamente lançou nos Estados Unidos as primeiras versões civis baseadas em seu antigo modelo Willys MB.

Ainda articulando cada passo da batalha para abrir o novo mercado consumidor, a empresa saiu atrás do registro da marca "Jeep", como o carro era popularmente conhecido. Teve, porém, de esperar pelo direito de gravá-la nos futuros modelos em razão da disputa com a American Bantam pela autoria do primeiro protótipo, iniciada nos anos 1940 e interrompida pela guerra, mas que naquele momento ganhava repercussão nos tribunais dos Estados Unidos.

A briga judicial, porém, não impediu a Willys de seguir com seus planos e lançar, em 1945, seu primeiro jipe civil, o CJ-2A. Dali em diante, a cada dois anos em média, um novo modelo chegou ao mercado,

Jeep Willys para uso civil, modelo CJ-3A, 1951.

A evolução dos modelos

incorporando novidades que progressivamente despiram as novas versões de suas características militares originais e inseriram o Jeep no mercado convencional.

Ao longo desse período, os primeiros anos de pesquisas e empenho da Willys para atender a população civil não passaram despercebidos aos militares. De olho nos avanços dos modelos civis, buscavam inspiração neles e passaram a solicitar atualizações para seus carros, já bastante superados. A partir de 1950, os primeiros modelos militares do pós-guerra realmente foram adaptados a partir dos jipes civis. Até que mudanças empresariais, decorrentes de aquisições e fusões, separaram as duas modalidades, liberando a fabricação militar para a concorrência. Os novos tempos também trouxeram as inovações da tecnologia embarcada, mudando o perfil do Jeep e de seus usuários ao redor do planeta.

A seguir, a evolução de cada modelo e a revolução por que passou o pioneiro veículo off-road nas últimas décadas.

MILITARES NO MUNDO

1950-52: M-38, RESISTENTE À ÁGUA

Jeep M-38 na linha de montagem da Willys-Overland.

Desenvolvido a partir do modelo civil CJ-3A, o jipe militar M-38 recebeu reforços significativos no chassi e na suspensão, além de rádio de comunicação, entre outros apetrechos militares. A grande novidade, porém, estava no sistema elétrico, de 24 volts e à prova d'água, contra os 6 V do modelo militar anterior, o Willys MB. Para o carro ter bom desempenho em ambientes úmidos e chuvosos, assim como em travessias de rios profundos, suas peças foram vedadas e um sistema

elevado de entrada de ar para o carburador foi introduzido.

Externamente, o para-lama ganhou formato reto, faróis maiores e uma grade frontal com sete aberturas de ventilação, justamente por causa do tamanho dos faróis, em lugar das nove aberturas e dos faróis embutidos do modelo militar anterior. Também recebeu bujões magnéticos para dreno, tomada de engate, lanternas traseiras militares e refletores instalados na parte externa.

A autonomia de 225 km foi uma conquista propiciada por seu tanque de combustível, cuja capacidade era de 13 litros. A velocidade máxima a que chegava o modelo M-38 era de 90 km/h, adequada à sua compleição e finalidade. Lançado em 1950, o Jeep M-38 teve sua produção interrompida após dois anos, embora até 1955 algumas unidades tenham sido montadas exclusivamente para exportação.

1952-68: M-38A1, A CARA DO JEEP

Ao contrário de outros veículos militares, cuja nomenclatura A1, A2, A3 etc. indicava apenas pequenas revisões, o modelo M-38A1 não se limitou à correção de deficiências do modelo anterior, o M-38. Mais robusto, com plataforma mais ampla para o motor Hurricane F-Head – de 75 cv, quatro cilindros, válvulas de admissão no cabeçote e escapamento no bloco –, ele resultou de um novo projeto, que modificou sua aparência, terminando por redefinir as características estéticas que o Jeep passaria a ter: capô do motor com formato arredondado, para-lama dianteiro com linhas curvas, faróis de dimensões ainda maiores, limpadores de para-brisa montados na parte de cima. Destinado à exportação, foram fabricadas 155.494 unidades desse modelo.

Novo motor Hurricane F-Read do Jeep M-38A1.

A evolução dos modelos

1959-78: M-151, O MUTT

O lançamento dos modelos M-38 e M-38A1, no início da década de 1950, oferecendo ao exército dos Estados Unidos uma frota com mais potência e melhor desempenho, não bastou para que a busca dos militares por novas soluções cessasse.

Em março de 1951, repetindo a já conhecida estratégia de ter vários fornecedores para um mesmo produto – e independentemente de a Willys ser a fabricante oficial dos modelos de carro utilizados até então –, o exército americano

MUTT M-151 em produção na fábrica da Ford.

fechou um contrato de pesquisa com a Ford, buscando o desenvolvimento de veículos alternativos.

O resultado veio em 1959, quando a empresa apresentou o M-151, uma versão batizada pelos militares de "caminhão militar utilitário tático", ou "Military Utility Tactical Truck" (MUTT), já que o nome "Jeep", nessa época, era propriedade da Willys-Overland.

Reestilizado, o M-151 surgiu mais alto, largo e confortável (embora com o mesmo peso), com a grade dianteira na posição horizontal e para-lamas menos salientes. Em lugar da carroceria de aço separada e parafusada no chassi também de aço, o modelo foi construído em um monobloco de chapa de aço, reforçado com vigas estruturais. Essa solução levou o chassi a ficar unido à carroceria e deu-lhe maior distância do solo, ao mesmo tempo fazendo baixar seu centro de gravidade.

O M-151 apresentou outras novidades: veio equipado com suspensão independente e molas helicoidais, dispensando os eixos rígidos na dianteira e na traseira. Como resultado, ganhou mais velocidade e se tornou mais fácil de manobrar, especialmente em terrenos irregulares. O rodar ficou também mais confortável.

Não demorou muito para a Ford lançar o modelo M-151A1 com modificações para transportar cargas pesadas e, em 1969, o M-151A2 para corrigir um grave problema na suspensão traseira, originado pelo sistema de semieixos oscilantes, que deixava o veículo instável e sujeito a capotagem em curvas fechadas.

A correção foi providenciada com a adoção de braços semiarrastados, com os quais a variação de câmber era mínima, reduzindo, assim, a tendência de o carro capotar em curvas de alta velocidade.

Veículos de combate típicos da era da Guerra do Vietnã, os carros da série M-151 também tiveram papel ativo em várias operações militares americanas da década de 1980, embora o último deles tenha sido fabricado em 1978. Naquela época, apesar da introdução de uma gaiola de segurança destinada a proteger os passageiros, o Departamento de Defesa dos Estados Unidos os considerou "inseguros para via pública" e decidiu limitar seu uso público.

MUTT M-151A2: nova versão com melhorias na suspensão traseira.

A evolução dos modelos   43

Substituído pelo Humvee aos poucos – ainda hoje o veículo padrão do exército dos Estados Unidos –, o M-151 apresentava, porém, a vantagem de ser pequeno o suficiente para ser transportado por um avião de carga C-130 ou mesmo por um helicóptero CH-53 de transporte pesado.

Foi apresentado em várias versões, entre elas ambulâncias (M-718); com canhão sem recuo de 105 mm (M-151A1C); com lançador de mísseis antitanque (M-151A2-FAV e M-151A2 TOW); adaptado para fuzileiros navais (M-1051); e dotado de equipamentos de comunicação mais sofisticados (MRC-108m).

Vários modelos da série M-151 foram destinados a exércitos de mais de cem países, entre eles Canadá, Dinamarca, Líbano, Israel, Filipinas, Reino Unido e outros membros da Otan. Em sua trajetória, por questões empresariais, esses carros foram produzidos não só pela Ford, mas também pela Kaiser, General Motors e AM General.

MUTT M151: visualmente o destaque era a grade na horizontal.

Material publicitário de época veiculado pela Ford.

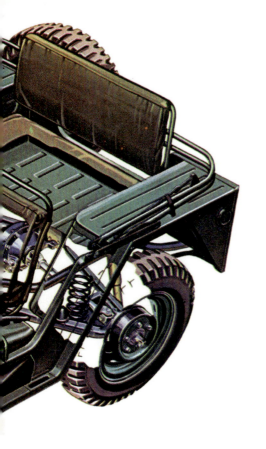

Ford M151A1 M.U.T.T. (Military Utility Tactical Truck)

1964-67: M-606, O CARA DE CAVALO

Na segunda metade dos anos 1950, a Willys-Overland produzia o M-606, a versão militar do carro civil CJ-3B.

Fabricado para exportação, através do Programa de Assistência de Defesa Militar (MDAP) – que, na prática, significava ajuda a países amigos dos Estados Unidos para a compra de equipamentos militares –, foi muito utilizado por seus aliados na Guerra do Vietnã. Sob o nome de J-4, para essa guerra ele foi fabricado, sob licença, pela Mitsubishi.

Para suportar o motor Hurricane F4-134, o M-606 precisou de um capô mais alto (daí o apelido "High-hood"), o que descaracterizou seu design e provocou críticas do público. No Brasil, ficou conhecido como "cara de cavalo".

Em comparação ao modelo civil que lhe deu origem, o M-606 tinha as seguintes peculiaridades: aros dos faróis pintados, como os do original; faróis blecaute; bujões magnéticos para dreno; tomada de engate; lanternas traseiras militares; refletores na carroceria; gancho G; pneus 7.00-16; suspensão militar mais resistente; para-brisa basculante; para-choque traseiro militar. Os bancos eram de fácil remoção (altos e com molas) e a capota em vinil, de seis partes sobre armação de treze peças. Os bancos dianteiros vinham forrados, mas não os de trás, que ficavam com a estrutura exposta. Tinham cintos de segurança dianteiros e não havia porta-luvas.

De resto, apresentava o mesmo painel do Willys CJ-3B, que desde 1961 não tinha mais cinco instrumentos. Possuía dois limpadores de para-brisa a vácuo e calços de madeira sobre o capô, que serviam justamente para apoiar o quadro do para-brisa.

Outras modificações vinham da potência e do torque do seu motor – um Hurricane F4-134, com carburador Carter YF 938SD (último da série) – e da relação de diferencial 4,27:1 (47/11 dentes).

Jeep M-606, 1964: conhecido como "High-hood" (capô alto) e no Brasil como "cara de cavalo".

A evolução dos modelos

Não há números precisos sobre os anos de fabricação do M-606. Acredita-se que tenha sido entre 1964 e 1967, todos com prefixo 8105, embora o período possa abranger de 1963 a 1968, com a produção de cerca de 17.000 unidades. No Brasil, a grande maioria dos M-606 é do ano de 1966.

OS CIVIS NO MUNDO

1945-50: CJ-2A, O PRIMEIRO

Abaixo: O painel dos primeiros modelos tinha cinco instrumentos.

Anunciado pela Willys-Overland, em agosto de 1945, como o primeiro jipe em "trajes civis", o modelo CJ-2A saiu da linha de montagem sem os equipamentos militares do antigo Willys MB. Ou seja, o primeiro modelo civil do carro que nascera militar – e cuja autoria e marca registrada "Jeep" naquele momento eram objeto de discussão pela Willys junto à Comissão Federal do Comércio dos Estados Unidos – ainda tinha muito do modelo original, por mais que protótipos batizados de CJ-1, CJ-1A e CJ-2 tivessem sido testados antes.

Para se tornar o Jeep CJ-2A, o carro da Willys precisou passar por mudanças que incluíam uma aparência mais limpa; a oferta em cores como marrom, bege, cinza e azul-claro; melhor distribuição do peso, com a caixa de ferramentas

e o estepe desta vez colocados no lado direito, o que, afinal, propiciou a inclusão de uma porta traseira para carga, muito mais útil para o propósito de um carro civil.

No novo modelo, a altura do para-brisa também aumentou, o limpador ganhou sistema a vácuo, os faróis ficaram mais potentes, a tampa do tanque de combustível foi para a parte externa (antes ficava sob o assento do motorista) e a capacidade do tanque de combustível caiu de 68 para 40 litros. Como era de esperar, os bancos se tornaram mais macios. Já o motor L-Head "Go Devil", de quatro cilindros, ganhou potência, passando de 55 cv para 61 cv, a 4.000 rpm.

Inicialmente concebido para uso em fazendas, o modelo CJ-2A chegou a ser divulgado, a princípio, como uma espécie de "trator versátil", que conseguia arrastar arados, cortadores de grama e carretas de transporte, entre outros equipamentos. Foi até mesmo batizado de "AgriJeep" nos anúncios. O nome, porém, foi logo deixado de lado pela Willys, por restringir demais suas possibilidades comerciais. Antes de trazer outras soluções e anunciar um novo modelo, a empresa fabricou 214.760 unidades do CJ-2A.

Jeep Willys CJ-2A preparado pela empresa Boyer USA para o exército brasileiro, 1947.

1949-53: CJ-3A, A MARCA IMPRESSA

Embora muito similar ao modelo anterior, sobretudo na aparência, o CJ-3A trouxe algumas mudanças significativas, a começar por sua mecânica, que recebeu novo câmbio e uma caixa de transferência mais robusta.

Outras alterações se observavam no para-brisa – desta vez em moldura retangular e com cantos superiores e inferiores arredondados –, na porta de carga traseira e nas grades com faróis externos, bem maiores do que os dos antigos MB e GPW, nos quais eram embutidos. O modelo ganhou também uma tomada de ar no painel, abaixo do vidro.

Impulsionado pelo motor "Go Devil", de quatro cilindros e 61 cv, a 4.000 rpm,

Jeep CJ-3A, 1951.

A evolução dos modelos

o CJ-3A usava a mesma plataforma do modelo militar M-38; dele foram produzidas 131.843 unidades.

A partir de 1950, finalmente os carros passaram a sair da fábrica com o nome Jeep impresso na carroceria, em vez de apenas Willys, já que foi nessa época que a empresa ganhou na Justiça o direito sobre a marca registrada com a qual faria ainda mais história.

1953-68: CJ-3B, O CARA DE CAVALO

No ano em que completou seu cinquentenário, a Willys-Overland foi adquirida pela Kaiser-Frazer Corporation por 60 milhões de dólares e passou a se chamar Willys Motor Company, denominação que usou até 1964. Sob a administração dos novos proprietários, a empresa lançou o modelo CJ-3B, resultado de uma grande reformulação que mirava consumidores mais exigentes.

Embora tenha mantido a grade e o capô mais alto, como no modelo anterior, desta vez, porém, a opção era para acomodar um motor ainda mais potente: o famoso "Hurricane", com 2.134 cm³ e 73 cv, comando de válvulas de admissão no cabeçote e com câmbio T-90 (três marchas, mais ré). O novo modelo vinha ainda com chassi mais robusto e distribuidor blindado, além de significativa mudança no painel.

Contudo, a nova aparência, que deveria vir como um apelo ao público, desagradou, e o modelo não alcançou êxito comercial. Caíram as vendas e popularizaram-se os já mencionados apelidos: "High-hood" nos Esta-

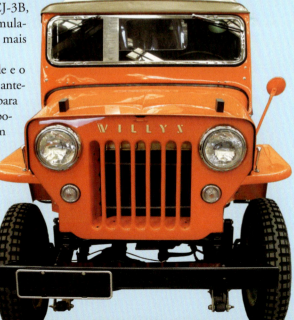

Jeep CJ-3B: agora para-brisa com cantos arredondados e faróis maiores.

Como a frente alta não agradou, o CJ-3B foi destinado ao uso militar.

dos Unidos e "cara de cavalo" no Brasil. A solução foi destiná-lo para uso militar.

O exército brasileiro foi um dos que muito utilizaram o CJ-3B, depois de uma adaptação feita pela Bernardini S/A Indústria e Comércio. Vale observar que esse mesmo modelo, depois de militarizado, passou a se chamar M-606.

Foi mantido em produção até 1968; ainda como CJ-3B, foram fabricadas 155.494 unidades. Fora dos Estados Unidos, foi fabricado no Japão, pela Mitsubishi; na França, pela Hotchkiss; na Espanha, pela Viasa; e na Índia, pela Mahindra, que até hoje fabrica jipes sob licença da Chrysler LLC, atual detentora da marca Jeep.

CJ-4: O MODELO SEM PRODUÇÃO

Atender o exército dos Estados Unidos sempre foi prioridade para a Willys, o que talvez explique por que o modelo CJ-4, concebido para uso civil, acabou deixado de lado, limitando-se a um único protótipo. Ou seja, diante da grande demanda por

A evolução dos modelos

jipes militares para atender a mobilização americana dos anos 1950 e 1960, o novo modelo jamais entrou em produção.

Apesar disso, não se pode deixar de mencionar algumas das novidades que o modelo antecipou, como, por exemplo, o para-lama dianteiro arredondado, depois aprimorado no modelo CJ-5. É de observar também que o modelo militar M-38A1 foi desenvolvido no espaço de tempo entre a produção dos modelos civis CJ-4 e CJ-5, daí as semelhanças entre eles.

Um fato curioso é que, na Índia, o CJ-3B foi produzido com o nome de Jeep Mahindra CJ-4, uma designação da própria fabricante que nada tem a ver com o CJ-4 projetado nos Estados Unidos.

1954-84: CJ-5, O CAMPEÃO DE VENDAS

Nunca houve em toda a história da Willys um modelo de jipe tão popular quanto o CJ-5. Foi mantido em produção por longos trinta anos, chegando a estabelecer o recorde de 603.303 unidades fabricadas.

Jeep CJ-5: com desenho mais bonito e linhas suaves, foi o modelo de maior sucesso.

Em relação ao modelo que o antecedeu, o CJ-5 apresenta linhas mais suaves, arredondamento das formas, novo painel de instrumentos, porta-luvas com tampa, para-brisa maior, freio de estacionamento e também distância entre eixos, comprimento e largura maiores, acréscimos que não prejudicaram sua estabilidade em terrenos acidentados. Essas características logo se associaram às melhorias constantes de motor, eixos, transmissões e bancos, o que contribuiu para fazer do CJ-5 o veículo ideal às atividades off-road.

1955-81: O CJ-6 E O MOTOR V-6

O modelo CJ-6 foi lançado antes da aquisição de sua fabricante, então denominada Kaiser Jeep, pela American Motors Corporation (AMC). No início quase não trouxe novidades em relação ao modelo anterior, a não ser seu comprimento alongado.

Com 508 mm a mais na distância entre eixos, o que fez com chegasse a um total de 2.565 mm, o resultado se refletiu no aumento da capacidade de transporte: oito passageiros (incluindo os bancos laterais) ou 1.500 kg de carga.

Em 1965, o modelo ganhou o motor V-6 Dauntless, de 155 cv, que praticamente dobrou sua potência quando comparado ao padrão Hurricane, de quatro cilindros. Foi, aliás, a primeira vez que um Jeep CJ foi equipado com um motor V-6.

Tudo começou a mudar definitivamente em 1970, com a decisão da American Motors de separar a produção civil da militar. A iniciativa se justificou em razão do bom desempenho das vendas dos veículos civis 4x4, cada vez mais populares. A nova diretriz, que incluía equipar os carros com motores AMC e oferecer motores V-8 de 5,0 a 6,5 litros, mostrou-se bastante eficaz: oito anos depois, a produção dobrou, chegando a 600 veículos por dia.

Os modelos CJ-6 da AMC ganharam ainda eixos mais fortes, freios melhores e aquecedores de alta capacidade. Naquela época, o *slogan* do jipe era bem sugestivo: "Se um Jeep não puder levá-lo, talvez você deva pensar duas vezes antes de ir".

A produção do modelo CJ-6 para o mercado americano terminou em 1976, mas as exportações continuaram até 1981, com 50.172 unidades fabricadas.

A evolução dos modelos

1976-86: O CJ-7 E OS MODELOS DE LUXO

A partir da segunda metade dos anos 1970, o pioneiro off-road passou por duas importantes revoluções em sua trajetória. De um lado, grandes avanços tecnológicos em pouco tempo; de outro, a população civil descobriu seu potencial para atividades de lazer.

O modelo CJ-7, com 2.375 mm entre eixos, deu início à nova fase, oferecendo, pela primeira vez, teto moldado de plástico, portas de aço e, o mais importante, a opção câmbio automático Quadra-Trac. Aos poucos, atraiu as atenções da AMC, junto com o modelo Scrambler, levando a empresa a finalmente deixar de produzir o CJ-5.

O Scrambler era um pequeno Jeep CJ 4x4, uma espécie de picape pequena, conhecida no mercado internacional como CJ-8, modelo que deu ainda mais visibilidade à face recreativa do jipe. Por isso, itens de conforto passaram a ser incorporados aos carros, entre eles direção com assistência hidráulica, carpete e ar-condicionado. De 1970 a 1982, pela primeira vez surgiram modelos de luxo, como Renegade, Golden Eagle, Laredo e Limited.

Diante dos modelos cada vez mais sofisticados, muita gente acredita que o CJ-7, com 379.299 unidades fabricadas até 1986, levou consigo a fase dos "verdadeiros Jeep" até porque o CJ-10, quando surgiu, já era uma versão caminhonete do padrão CJ.

O Jeep CJ-7 é considerado pelos puristas o último "verdadeiro Jeep"; seu sucessor é o Wrangler.

A PARTIR DE 1986: WRANGLER (YJ)

A partir de 1986, inaugurou-se uma nova era na produção e no uso dos jipes com a substituição do padrão CJ pelos modelos Wrangler (YJ). Menores, com faróis retangulares e muito mais itens de conforto, foram criticados no início, mas aos poucos conquistaram admiradores.

E não poderia ter sido de outra maneira: seu lançamento resultou de pesquisas desenvolvidas pela AMC, que demonstraram que, cada vez mais, o novo carro era usado nas cidades para deslocamentos rotineiros em vez de em terrenos off-road.

Daí a preocupação com o conforto e a segurança, advindos de tecnologia embarcada inovadora.

Nesse quesito, apresentou freios a disco nas quatro rodas com ABS e assistente de frenagem, controle eletrônico de estabilidade (ESP) e sistema anticapotamento e de controle de tração, além de air bags dianteiros de grande volume, apoios de cabeça ajustáveis e alerta de uso de cinto de segurança para o motorista.

Em termos mecânicos, o Wrangler acabou se parecendo mais com um Cherokee (XJ) do que com o velho CJ-7. Afinal, do primeiro, usou os mesmos sistemas de direção, freios, eixos, caixa de transferência, câmbio, rodas, pneus e motor; do segundo, manteve apenas carroceria e chassi similares.

O motor V-6 de 3,8 litros, capaz de gerar 199 cv, deu ao Jeep Wrangler a

O Jeep Wrangler e seu moderno e sofisticado interior.

A evolução dos modelos

potência ideal para desafios dentro e fora do asfalto. A suspensão dianteira com excelente diâmetro de giro associada a seu tamanho deu ao modelo grande agilidade.

A tração 4x4 Command-Trac também contribuiu para garantir confiabilidade em todos os tipos de terreno, revelando ser possível escolher entre 4x2, 4x4 normal, neutro (para reboque) e 4x4 reduzida (para situações de rodagem mais difíceis).

Com uma boa distância do solo, o novo modelo se mostrou eficiente para enfrentar diferentes ângulos de rampa na hora de transpor obstáculos altos. A suspensão dianteira e traseira por eixos rígidos fornecia excelente flexibilidade e robustez; a suspensão traseira trouxe ainda eixo reforçado para uso em condições extremas de rodagem. Os amortecedores pressurizados e as molas apresentaram grande amplitude, possibilitando o contato das rodas com o solo em inúmeras condições topográficas.

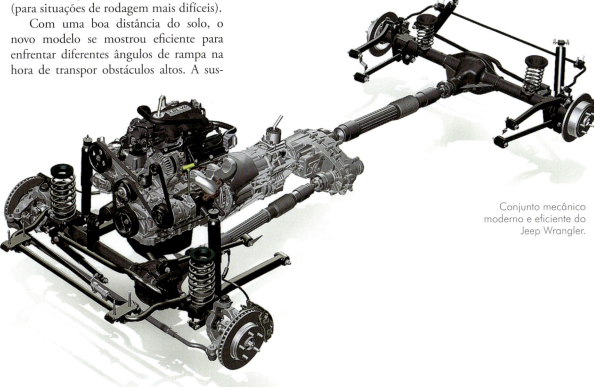

Conjunto mecânico moderno e eficiente do Jeep Wrangler.

O Jeep Wrangler era capaz de transpor trechos inundados de até 480 mm de profundidade a uma velocidade de 8 km/h, já que seus componentes críticos são montados na parte alta do motor. Seu acabamento interno é removível, tem pontos de drenagem no assoalho e o interior é muito fácil de limpar.

Um sofisticado painel combinava com o volante revestido em couro, bancos macios com regulagens de altura, sistema de som e ar-condicionado, teto de lona ou rígido, ambos muito melhores do que as antigas capotas dos modelos CJs, tudo para dar conforto especial a usuários cada vez mais exigentes.

OS CIVIS NO BRASIL

JEEP UNIVERSAL CJ-5

Os primeiros CJ-5 montados no Brasil saíram da fábrica equipados com o motor importado Hurricane F-134, de quatro cilindros, 2.150 cm³, 73 cv a 4.000 rpm e torque de 15,8 kgfm a 2.000 rpm. O câmbio tinha três marchas à frente, com a primeira "seca" (não sincronizada), tração nas quatro rodas e reduzida. Possuía volante de três raios, freio de mão na caixa de reduzida, diferencial dianteiro Dana 25 e traseiro Dana 44, além de coroa de 43 dentes e pinhão de 8 dentes, resultando numa relação diferencial de 5,38:1.

As antigas linhas retas e arestas, herdadas do CJ-3, foram transformadas com o arredondamento do capô e dos para--lamas, o que lhe deu uma aparência mais agradável. A grade dianteira, simples, manteve as tradicionais barras verticais,

Jeep CJ-5 fabricado pela Willys-Overland do Brasil.

A evolução dos modelos

emoldurada pelas curvas do para-lama e pelo capô do motor, que, por sua vez, seguia a curvatura dos faróis tipo sealed beam. Abaixo deles ficavam as pequenas lanternas circulares de seta, todos com moldura cromada.

O para-choque montado em posição elevada parecia uma viga reta e robusta em forma de "U", pintada na cor preta. Só que sua função não era absorver choques, mas servir de apoio à montagem de equipamentos para trabalho de campo – o mais comum deles era um guincho com capacidade de tração a cabo de 3.550 kg.

O Jeep CJ-5 brasileiro já saía de fábrica com a tradicional capota de lona com três janelas que, no início dos anos 1960, era costurada e depois passou a ser soldada. Era confeccionada na tapeçaria da própria Willys-Overland do Brasil, mas sua produção foi terceirizada posteriormente.

Frente com linhas arredondadas deu visual mais harmonioso ao CJ-5.

As portas do CJ-5 eram feitas com uma estrutura de aço revestida por lona plástica, com um simples fecho acionado por mola, que abria apenas por dentro. A janela lateral precisava ser desenrolada para se acessar, do lado do motorista, o espelho retrovisor circular, sustentado por um longo braço tubular de cor preta.

O abastecimento de combustível era feito pelo lado esquerdo, e o tanque era

À esquerda: Jeep CJ-5 era equipado com capota de lona plástica. À direita: No detalhe, o bocal de combustível.

fechado à chave por uma tampa cromada. Na outra lateral, a roda sobressalente montada se destacava, quebrando a simetria do carro.

Na traseira, uma porta basculante se abria para fora, sustentada por duas correntes que davam acesso ao compartimento de carga, completado por uma porta superior de lona presa por dois grampos. Em cada lateral, ficavam as lanternas circulares, logo abaixo da tradicional viga em "U", também na cor preta. No centro, ficava o engate, no qual um reboque podia ser atrelado, possibilitando o transporte de até 750 kg de carga, ou ser utilizado para outras funções como desatolar veículos ou arrastar toras de madeira, máquinas pesadas e até caminhões.

Na segunda metade dos anos 1970, o Jeep CJ-5 ganhou o novo motor Ford OHC, além de receber capota de cinco janelas, sem coluna na lateral. Foram usadas capotas confeccionadas em chapa de aço, que trouxeram alguns inconvenientes: esquentavam o carro e elevavam o centro de gravidade, fazendo o veículo perder estabilidade nas curvas fechadas.

No interior, esse modelo trazia painel de aço pintado na cor do carro, com velocímetro, hodômetro, marcador de temperatura e combustível, tudo numa só peça, mais as luzes-espia. Nesse painel, havia duas plaquetas que explicavam como acionar a tração nas quatro rodas e a reduzida.

Três alavancas de engate em tamanhos diferentes ficavam no assoalho. A maior era de câmbio manual, responsável pela troca de marchas. As outras duas permitiam o engate da tração nas quatro rodas – normalmente o carro andava apenas com tração traseira – e a redução, que justamente só podia ser utilizada em conjunto com a tração nas quatro rodas.

O volante do carro, de tamanho grande, visava facilitar seu manuseio, embora a direção, por ser robusta, não fosse das mais leves. Na frente, para-brisa reto e dois limpadores: um a vácuo, à frente do motorista, e outro manual, à direita.

O conjunto de câmbio, direção e freios era pesado e duro, mas eficiente,

Painel do Jeep CJ-5 brasileiro, simples e funcional.

A evolução dos modelos

mesmo nas condições mais adversas. As suspensões dianteira e traseira eram reforçadas, duras e de pouca flexibilidade, com feixes de molas semielípticas montados longitudinalmente e eixos rígidos, além dos amortecedores telescópicos.

Nesse modelo, o ronco típico da transmissão do Jeep aumentava com a velocidade, impulsionado pelo motor BF-161, que operava com sobra de potência, algo que só foi resolvido com a posterior substituição desse motor.

O Jeep CJ-5, com sua caixa de transmissão múltipla e eventual tração no eixo dianteiro, dispunha de considerável capacidade para serviços pesados em condições difíceis. Quando a força era requisitada, conduzia-se de maneira excepcional. Se o terreno fosse escorregadio, o diferencial dianteiro podia ser engrenado por meio da caixa de transferência. Nessa condição de tração 4x4, a velocidade máxima não podia ultrapassar os 40 km/h.

Detalhe do Jeep CJ-5 equipado com o motor Willys 6 cilindros BF-161.

O CJ-5 BRASILEIRO, ANO A ANO

Não foram poucas as modificações técnicas e estéticas por que passou o modelo CJ-5, visando melhorar seu desempenho, sua segurança e seu conforto. Ainda assim, ao longo de pouco mais de duas décadas, essas alterações não desvirtuaram sua aparência geral e suas características principais.

A primeira modificação do CJ-5 ocorreu em 1959, quando o diferencial dianteiro passou a ser o Dana 44, no lugar do Dana 25, o que não trouxe alterações estéticas para o carro. Em 1960, porém, o para-lama traseiro perdeu o contorno arredondado, ganhando ângulos retos com um desenho trapezoidal, o que o tornou ainda mais diferente do CJ-5 americano.

O assoalho sobre a transmissão ficou ligeiramente maior e a ponta de eixo tra-

O Jeep é realmente um veículo versátil; devidamente preparado, consegue encarar até provas de velocidade.

seira mais grossa, passando a ter dez estrias. A tipologia usada para escrever a marca "Jeep" nas laterais ganhou novo estilo, mais arredondado.

Em 1961, foi a vez de o freio de estacionamento mudar de posição. Localizado até então na caixa de reduzida, foi transferido para os tambores de freio traseiros. A canaleta que prendia a capota ao quadro do para-brisa foi ornamentada com presilhas.

Três anos depois, o sistema elétrico passou a ser de 12 V, em vez de 6 V, embora ainda utilizasse o dínamo. A cor das rodas permanecia igual à da carroceria, pois foi só em 1965 que os aros de roda foram pintados de prata. Nessa época, o motor a vácuo do limpador de para-brisa foi trocado por um elétrico.

O câmbio T90 (com a primeira marcha "seca") foi substituído por um totalmente sincronizado, menos a ré, permanecendo assim até outubro de 1975. A altura do cubo da roda diminuiu, com o tambor de freio revestido colocado por fora para facili-

Detalhe da lateral dianteira esquerda do CJ-5.

A evolução dos modelos

65

tar a manutenção até 1968; anteriormente era preso do lado interno da semiárvore.

Em 1966, o Jeep Universal CJ-5 brasileiro recebeu o alternador de 12 V em substituição ao dínamo. A partir desse ano e até 1968, as semiárvores foram chavetadas, com dezenove estrias na caixa de satélites, dentro do diferencial, substituindo os de dez estrias. Nos modelos 1966/1967, o volante de direção passou a ter dois raios.

Ainda em 1966, a Willys lançou o Jeep Praia, com tração apenas nas rodas traseiras (4x2), pneus com faixa branca, para-choques cromados, capa de estepe, estepe na traseira e capota listrada. O Jeep Biquíni, cuja única diferença em relação ao modelo comum CJ-5 era a capota semiconversível americana, foi outro lançamento desse ano. Os botões do painel foram gravados com a descrição de suas funções, e o número do chassi passou a ser marcado na longarina direita, atrás da roda dianteira.

O ano de 1967 foi de mais modificações para o Jeep, que passou a ser equipado com roda-livre automática. O veículo ganhou uma versão chamada de Jeep Jovem, que durou apenas um ano e tinha acessórios exclusivos, como bancos esportivos, nova capota, banco do motorista com regulagem de altura e console, capa de estepe e opções de estofamento em azul, bege-palha ou preto.

Nesse mesmo ano, o Jeep ainda recebeu trava de direção, para-choque traseiro bipartido e também lanterna traseira do lado direito. A luz de placa do lado esquerdo foi eliminada, bem como a barra de tração opcional. Ocorreu a substituição das semiárvores de chavetadas para semiflutuantes, com rolamento cônico, configuração que perdurou até 1968. O limpador de para-brisa manual passou de fundido a estampado, instalado à direita.

Jeep Willys CJ-5.

Traseira do Jeep com a logomarca Ford nos modelos 1970 a 1972.

Entre os opcionais para o Jeep, havia chave de seta, triângulo, extintor de incêndio e cinto de segurança. Outros itens opcionais eram rádio Philco e bloqueio de diferencial tipo Positraction (discos) de 70%. Ao longo de um ano, foram mantidos os botões e os acabamentos internos cromados e com inscrições, iguais aos da Rural.

Em 1968, a tampa traseira deixou de receber a inscrição "Indústria brasileira – Tração nas 4 rodas – WO". Na documentação, a descrição do veículo passou a ser "Ford Willys". A plaqueta de identificação continuou localizada na parede corta-fogo, à esquerda da bateria.

A partir de 12 de dezembro de 1968, as semiárvores de dezenove estrias, que contavam com rolamento blindado, passaram a ter estrias da caixa de reduzida e saídas para os eixos dianteiro e traseiro, do tipo fino, assim como o pinhão dos eixos.

Em 1969, já sob a marca Ford Willys, o Jeep recebeu coroa e pinhão de 44/9, o que resultou em uma relação de 4,89:1, menos reduzido. O chassi passou a ser marcado com a mesma numeração do documento. O modelo ganhou ainda botões do painel de plástico na cor preta e tubos dos eixos com maior diâmetro (canela grossa), padronizados assim para todos os modelos Ford. Os coxins do motor permaneceram com formato cilíndrico, e as lanternas dianteiras (piscas) diminuíram de tamanho.

Entre 1970 e 1972, a tampa traseira recebeu a inscrição "Ford", estampada no centro. Os sensores do motor que medem

Propaganda da Ford com toda a linha Willys incorporada ao catálogo.

A evolução dos modelos

a temperatura e o óleo ficaram com espessura maior; já a chave de ignição voltou para o painel. A partir de 1970, equipamentos como triângulo de segurança, chave de seta, extintor de incêndio e cinto de segurança tornaram-se obrigatórios. Uma placa com a logomarca Ford foi colocada nas laterais do para-lama dianteiro, embaixo da gravação "Jeep".

Em 1972, a inscrição "Ford" foi retirada da tampa traseira. Nessa época, a bola do diferencial de alguns eixos era produzida na Argentina, como as do Maverick. Um ano depois, o alçapão de ventilação foi removido. A barra de apoio sobre a tampa do porta-luvas foi pintada de preto, os estribos foram retirados e as caixas de roda traseiras, rebaixadas.

A partir de 15 de outubro de 1975, o Jeep recebeu o novo motor Ford OHC (Overhead Camshaft), fabricado na cidade de Taubaté, no interior de São Paulo: gasolina, 2.300 cm³, quatro cilindros, 90 cv a 5.000 rpm e torque de 17 kgfm a 3.000 rpm. Recebeu também um novo câmbio de quatro marchas e dois tipos de filtro de ar – um menor para serviços leves e outro maior, para serviços pesados. Os coxins do motor foram alterados, assim como o radiador, a caixa de direção e o cano de escapamento.

Em 1979, os aros dos faróis e das lanternas foram pintados de cinza e deixaram de ser cromados. O modelo também recebeu ignição eletrônica. Em 1980, foi lançado, como opcional, o Jeep com motor OHC movido a álcool, de 91 cv a 4.800 rpm e torque de 17,9 kgfm a 2.800 rpm, dispondo de ignição eletrônica e ventilador do radiador com embreagem eletromagnética.

No final de 1981, foram instalados quebra-sol, pedais suspensos, um cilindro-mestre do freio maior e comando de embreagem por cabo. O motor a álcool se tornou opcional.

VENDAS DO LENDÁRIO MODELO

Na década de 1960, o Jeep era um dos automóveis mais vendidos do Brasil, superado apenas pelo Fusca, da Volkswagen. A comercialização atingiu cerca de 19.000 unidades anuais.

Em meados da década de 1970, porém, o então presidente da Ford, Joseph O'Neill, acenou com a possibilidade de que o Jeep deixasse de ser fabricado. A declaração agitou o mercado brasileiro e gerou protestos. A interrupção ocorreu em março de 1982, justificada pelo baixo volume de vendas. A Ford fechou o ano de 1982 com venda de apenas 157 unidades, contabilizadas até novembro.

Em abril de 1983, os últimos 405 carros saíram da linha de montagem brasileira – 96 deles equipados com motores a álcool –, encerrando a produção da verdadeira lenda que foi o modelo Jeep CJ-5.

A última unidade do Jeep Willys foi produzida pela Ford em 1983.

A evolução dos modelos

JEEP CJ-6: BERNARDÃO

Apresentado ao público no 1º Salão do Automóvel de São Paulo, em fins de 1960, no Parque do Ibirapuera, o novo modelo CJ-6 começou a ser fabricado já em 1961 como modelo 1962.

A nova versão ganhou o nome de Jeep Universal 101, logo conhecido como Jipão ou Bernardão, em alusão à cidade de São Bernardo do Campo, onde era fabricado. Foi produzido em duas versões: o modelo 6225, de quatro portas, e o 6224, de duas portas. Sua aparência era semelhante a de um Jeep Universal CJ-5, só que mais alongado, com 508 mm a mais de comprimento, o que deixou a distância entre eixos em 2.565 mm (equivalente a 101 pol., daí o "101" do nome).

O chassi também era semelhante ao do modelo anterior, apenas um pouco mais alongado; não era o chassi de 104 pol. da

O Jeep CJ-6, uma versão alongada, ganhou o apelido de "Bernardão", (1963).

Clássicos do Brasil

Detalhe da frente do CJ-6, idêntica à do CJ-5.

Ford/Willys foi uma só marca durante certo tempo.

Rural com reforços, como foi especulado na época.

O modelo de quatro portas do CJ-6 tinha dois bancos inteiriços largos, com capacidade para seis pessoas (três em cada um), enquanto o modelo de duas portas transportava até oito passageiros, com dois bancos laterais na parte traseira.

Como opcional, o modelo podia ser produzido com tração nas duas rodas (4x2). O volante de direção tinha três raios, rodas aro 15 pol. com calotas cromadas e pneus de uso misto, tanto para a cidade quanto para o campo, iguais aos da Rural. O suporte para estepe vinha na parte traseira e era fixo, já que a caçamba traseira não possuía porta basculante.

A frente era idêntica à do "irmão menor", com farol tipo sealed beam e para--brisa basculante. O limpador do para--brisa do motorista era movido a vácuo da admissão; o limpador do passageiro era acionado manualmente, através de manivela interna, como no CJ-5.

Pela lateral era mais fácil identificar o novo modelo, com suas quatro portas simples com armação de ferro e cobertura de lona plástica, e abaixo o grande estribo de acesso ao interior, além do bocal de abastecimento do lado direito, entre as portas.

O motor do modelo CJ-6 era o de um Willys, o Hurricane BF-161, de seis cilindros, de 90 cv a 4.000 rpm, fundido em Taubaté (SP). Depois de 1975, o carro recebeu o novo motor Ford OHC, de quatro cilindros, de 83 cv a 4.600 rpm, pois as marcas já eram uma só.

Seu sistema elétrico original era de 6 V; o câmbio era de três marchas, com alavanca no assoalho e primeira não sincronizada.

Era comum colocar no Jeep CJ-6, o Bernardão 4x4, uma capota de aço, com portas de chapa e vidros. Já os modelos de duas portas contavam com diferentes va-

A evolução dos modelos

riações de capotas, como a perua com forração para passeio e janelas de alumínio, a ambulância e um modelo que misturava furgão e picape. O principal problema das capotas de aço, já verificado no modelo anterior, além do peso, era o aumento de temperatura do carro e a perda de estabilidade nas curvas fechadas.

1957-ANOS 1980: CJ-5 5224 MILITAR

Derivado do modelo civil de mesmo nome, o Jeep Universal CJ-5 5224 militar foi o veículo padrão do exército brasileiro nos anos 1960 e 1970, embora também tenha sido utilizado pelo Corpo de Fuzileiros da Marinha, pela Aeronáutica e pela Polícia Militar.

Produzido no país para substituir o Willys MB, ele não deve, porém, ser confundido com o M-38A1 americano, pois existem muitas diferenças entre os dois. A base de comparação do primeiro jipe militar produzido no Brasil é o modelo civil CJ-5 que lhe deu origem, pois se tratava de um carro 4x4, com os mesmos motor, transmissão, chassi e suspensão, ficando as diferenças por conta da carroceria, dos acessórios, da capota e da parte elétrica.

Na comparação entre o modelo militar e o civil, era possível destacar alguns pontos. Na parte externa, o quadro do vidro de para-brisa do modelo militar era basculante, enquanto o do modelo civil era um item opcional. Os bancos dianteiros do primeiro, com estofamento mais fino e rude, geralmente de lona ou napa verde, eram individuais; no CJ-5 civil acomodavam até três pessoas. Entre o painel dos dois havia poucas diferenças, com exceção da chave de luz de três estágios para acionar as lanternas militares e uma lanterna interna para leitura de mapa. Mais tarde, esse modelo recebeu chave Otan e porta-fuzil, aprimorados no modelo sucessor, da Bernardini.

Jeep CJ-5 versão militar.

Na parte externa, o para-choque traseiro do modelo militar era embutido e com dois "ressaltos" adicionados, um de cada lado, em formato de meia-lua. No centro, havia o engate militar Gancho G, para reboques de ¼ ton ou de canhão de 37 mm. O suporte de estepe ficava na traseira, com exceção do modelo "Canhoneiro", no qual, do lado esquerdo, ficava o suporte para camburão (latão de combustível).

No lugar das lanternas civis, o modelo militar ganhou equipamento mais adequado a seus propósitos, instalado de ambos os lados, com refletores no meio da roda de estepe e acima da lanterna esquerda, assim como também na extremidade traseira dos dois lados. O intuito era facilitar a percep-

Jeep militar brasileiro era derivado do CJ-5, mas com equipamentos próprios do exército.

A evolução dos modelos

Painel sem cromados, com plaqueta de fábrica e as dimensões e as instruções de engate.

ção da largura do veículo e sua localização quando em comboio noturno.

A tampa traseira vinha soldada na versão militar, portanto era fixa, e continha suportes para pá e machado militares na parte interna. No modelo Canhoneiro, a tampa traseira era removível, então esses suportes eram fixados nas laterais externas. Além disso, o modelo carregava um canhão sem recuo de 57 mm, montado na parte interna traseira. O para-brisa era bipartido e possuía suporte para canhão.

Ainda nas laterais traseiras, existia um suporte de ambos os lados para fixação da armação em "V" da capota militar, de material antichama, com cinco janelas e laterais removíveis, o que fazia do carro um semiconversível. A maioria dos modelos militares recebeu suporte para fixação de antena de radiotransmissor nas laterais traseiras. O rádio, por sua vez, era colocado sobre um dos lados internos do para-lama traseiro.

Alguns modelos receberam guincho dianteiro mecânico Ramsey ou Biselli, com capacidade para 3,5 ton, e outros, suporte para metralhadora .30 ou .50. Os bancos traseiros podiam ser dobrados, rebatidos para frente ou ainda retirados, conforme a necessidade. Sua autonomia militar era de 278 km, já que o tanque de combustível tinha capacidade para 39,75 litros; a autonomia civil, por outro lado, era de 208 km, condicionada pelo tanque de quase 30 litros.

Na dianteira do veículo militar, sobre o para-lama esquerdo, fixavam-se o "farol de aproximação" e seu suporte assim como as lanternas blecaute conhecidas como torpedinhos, ambos utilizados em comboios ou patrulhas noturnas. Alguns modelos receberam ainda uma sirene no lado direito. Em ambos os para-choques, podiam ser fixadas anilhas para reboque que serviam para prender o veículo em aeronaves ou embarcações marítimas, lançá-lo de paraquedas ou suspendê-lo

Na traseira, a tampa era soldada e nela ficava o latão de combustível e o estepe.

O Jeep Wrangler atual é moderno e confortável, mas o fabricante nunca deixa de destacar sua vocação aventureira.

por cabos de aço no cruzamento de rios e valas. A esses equipamentos também era possível fixar um cambão tipo militar para reboque. A partir de 1975, o novo modelo de carro militar recebeu tomada de força e lanternas civis na traseira.

Na fase em que foi produzido pela Willys e pela parceria Willys-Ford, o carro militar brasileiro era chamado de M-520, embora haja controvérsias sobre essa denominação. Após 1975, já na era Ford, ele foi denominado modelo U-50, dotado de

Frente com lanterna blecaute e as duas anilhas para reboque ou fixação.

A evolução dos modelos

motor Ford OHC, de quatro cilindros, em substituição ao antigo Willys, de seis cilindros, assim como de uma nova caixa de câmbio de quatro marchas.

Apenas os últimos modelos, datados de 1983, possuíam novo filtro de ar para o motor, maior e mais comprido, ideal para serviços pesados. A novidade vinha de fábrica, assim como o sistema de pedais suspensos, igual ao da F-1000, e distribuidor com platinado. O sistema elétrico foi modificado para 24 V, com duas baterias de 12 V, a segunda localizada no canto esquerdo, sobre o para-lama, próximo à parede corta-fogo. Esse sistema foi necessário para permitir a interação entre modelos americanos e brasileiros, já que estes utilizavam equipamentos de 24 V.

O painel de instrumentos do modelo militar possuía, no canto esquerdo do volante, uma parte desmontável com quatro pequenos instrumentos: amperímetro, voltímetro, marcador de temperatura e marcador de combustível.

Na parte traseira, o U-50 era dotado de banco individual igual ao do carona dianteiro, posicionado ao lado direito, para o operador de rádio. No lado esquerdo do para-lama, havia um suporte para dois tipos de radiocomunicação: o RY20 ou o PRC 77 americano, ainda em uso no exército brasileiro. Sobre o outro para-lama traseiro ficava o suporte para os rádios modelos ERC 616, PRC 77 e PRC 10.

Os modelos militares brasileiros, assim como as outras viaturas operacionais não administrativas, utilizavam o verde-oliva fosco sem camuflagem na pintura, além do símbolo do exército – a constelação do Cruzeiro do Sul –, até 1983, quando então adotaram a camuflagem verde-floresta e vermelho-terra. O símbolo passou a ser um brasão com uma espada atrás e o Cruzeiro do Sul na parte interna.

No final dos anos 1980, quando a frota de jipes já estava ultrapassada e os modelos Ford já não eram mais fabricados, o exército decidiu substituir apenas os motores desses modelos, já que eram confiáveis e ainda numerosos.

Jeep militar com equipamento de comunicação.

CJ5-B/12 – BERNARDINI

A revitalização dos carros militares no Brasil, nas últimas décadas, esteve a cargo da empresa paulista Bernardini S/A Indústria e Comércio, daí os carros ficarem conhecidos por Jeep Bernardini, embora oficialmente fossem denominados CJ--5B/12 (B de Bernardini e 12 de ½ ton).

A principal alteração entre os primeiros e os carros deste último fabricante recaiu na substituição do motor: no lugar dos Willys 6-cilindros ou dos Ford Georgia OHC, ambos com consumo de combustível de até 6 km/l, introduziu--se o motor GM que era do Opala, de quatro cilindros e 2.500 cm³, a gasolina, com potência de 84 cv a 4.400 rpm, torque de 16,7 kgfm a 2.500 rpm e distribuidor com ignição eletrônica. Esse sistema ampliou os intervalos de manutenção, melhorando o desempenho da partida tanto em altas quanto em baixas temperaturas.

O consumo de combustível, por sua vez, passou para 8 km/l em estrada com velocidade máxima de 100 km/h, por causa do novo motor. O novo sistema de arrefecimento foi projetado para que o carro operasse com carga máxima, em temperatura ambiente de até 46 ºC.

A capacidade de carga do Jeep Bernardini aumentou para 540 kg em estrada pavimentada e para 360 kg em terreno acidentado, com peso em ordem de marcha de 1.150 kg. O sistema de escapamento também foi modificado.

O sistema elétrico recebeu bateria de 12 volts e de 56 ampères, além de várias instalações e substituições novas: chicote elétrico, interruptor geral de luzes, caixa de fusíveis, chave de seta mais resistente, interruptor de pisca, novo comando de afogador, LED indicador de seta (sobre o velocímetro), velocímetro aferido, indicador de temperatura da água do motor mais compatível, interruptor de limpador de para-brisa, interruptor de partida e ignição sem chave, interruptor e luz de leitura de mapas no centro do painel, limpador de para--brisa elétrico de dois estágios (em lugar do original a vácuo).

No interior, a exemplo do que havia sido feito no CJ-5 5224, optou-se pelos bancos dianteiros individuais, para três pessoas, no CJ-5 civil. Na parte superior do painel interno, foi instalado um suporte para o fuzil FAL 7,62 mm e adicionada a chave Otan para acionamento das luzes militares, além de novos porta-luvas, interruptor para controle geral de luzes e comando do afogador. A caixa de fusíveis foi instalada sob o painel de instrumentos, no lado superior esquerdo do pedal da embreagem.

Capô com o tradicional desenho da constelação Cruzeiro do Sul.

Nas laterais traseiras, existia um suporte de ambos os lados para fixação da armação em "V" da capota militar. Essa capota, de material antichama, possuía cinco janelas, com laterais removíveis, fazendo deste um automóvel semiconversível. Por baixo dela, foi instalado um protetor tubular para maior segurança em caso de capotagem.

A maioria dos modelos do Jeep Bernardini recebeu suporte para fixação da antena de radiotransmissor, nas laterais traseiras. O rádio foi colocado sobre um dos lados internos do para-lama traseiro.

Outras modificações introduzidas foram o assoalho do câmbio, que recebeu nova furação; um novo radiador de alumínio ou cobre, com maior capacidade de arrefecimento; ferramentas e peças sobressalentes, sob o banco da viatura modernizada; e modificações no chassi, para receber novo motor e câmbio. Alguns modelos ainda ganharam novo volante.

CAPÍTULO 4

CURIOSIDADES

"EI, ELE É UM VERDADEIRO JEEP!"

Até hoje não existe uma versão oficial para a origem do nome "Jeep".

As possibilidades vão desde a forma como os engenheiros pronunciavam a sigla que o denominava, passando pelo apelido inventado por repórteres e militares, até a comparação de suas habilidades com as peripécias de um personagem dos quadrinhos. O fato é que cada uma dessas histórias contribuiu a seu modo para dar ao off-road mais famoso do mundo o nome que se tornou sinônimo de força, valentia, aventura e liberdade.

A marca registrada "Jeep" é um ícone.

Tudo começou com a denominação oficial de "Truck ¼ ton Command and Reconaissence Light Vehicle" (caminhão leve de comando e reconhecimento de ¼ ton), como o exército dos Estados Unidos chamava o pequeno veículo que encomendara. Dentro das primeiras empresas envolvidas na criação, a American Bantam e a Willys-Overland, a nomenclatura era outra, até porque o carro ainda estava em fase de ajustes. Mas, assim que ele passou a ser produzido em série, a sigla usada pela Ford Motors – empresa que o exército convocou de última hora para a tarefa – acabou se fixando no vocabulário de todos.

Naquele momento, os engenheiros da Ford trabalhavam sob licença da Willys-Overland e costumavam se referir ao carro como "General Purpose" (propósito geral), cuja sigla em inglês, GP, era pronunciada como "gee-pee" [dji-pi].

Muita gente, porém, contesta essa versão da história, alegando que a sigla usada era GPW: "G" para Government, "P" para distância entre eixos de 80 pol. e "W" para Willys, empresa considerada a proprietária do projeto.

Na opinião do coronel do exército dos Estados Unidos A.W. Herrington, o termo "Jeep" sempre deu a ideia de valentia, usado desde 1934, especificamente em

Curiosidades

Oklahoma, para designar caminhões que perfuravam poços de petróleo. Teria vindo daí a transferência do nome, já que ambos eram bastante robustos e encaravam qualquer desafio.

A história mais divertida, porém, é a do personagem de história em quadrinhos Eugene the Jeep, criado em 1936 pelo cartunista Elzie Crisler Segar para fazer companhia ao marinheiro Popeye. Parecido com um cachorro, Eugene nascera na África e só dizia a verdade. Tinha o poder de viajar entre dimensões, sempre para auxiliar Popeye e Olívia Palito. O personagem se tornou bastante popular na época, a ponto de a expressão *"Hey, he's a real Jeep!"* ("Ei, ele é um verdadeiro Jeep!") passar a ser usada para se referir a pessoas com capacidades extraordinárias.

Outra versão conta que Irving "Red" Haussman – piloto de testes da Willys-Overland e o primeiro a testar o carro em Camp Holabird, Maryland – teria ouvido os soldados se referirem a ele como "Jeep". Daí ter usado a palavra para responder a uma pergunta de Katherine Hillyer, repórter do *Washington Daily News,* em fevereiro de 1941, quando subiu os degraus do Capitólio, o Congresso dos Estados Unidos, em Washington, para mostrar as façanhas do veículo. No dia seguinte, as manchetes foram taxativas: *"Jeep Creeps Up Capitol Steps"* ("Jeep escala os degraus do Capitólio").

A partir daquele momento, o nome se lançou à posteridade, tornando-se marca registrada da Willys em 1950. Passados mais de sessenta anos, a atual proprietária da marca, a Chrysler LLC, soma mais de 1.110 registros em todo o mundo. O Jeep realmente não perdeu nenhuma das suas qualidades.

Popeye e seu amigo Eugene the Jeep.

EM BUTLER, "O BERÇO DO JEEP"

Quando atendeu ao chamado do exército para criar o futuro Jeep, a American Bantam Car Company já vinha de uma história de grandes sucessos.

Originária da Inglaterra, a empresa inovara, no início dos anos 1920, o mercado de automóveis, criando carros pequenos e econômicos. Por causa dos elevados impostos e do alto preço da gasolina, o proprietário, Sir Herbert Austin, criou o pequeno Austin Seven, menor do que um Ford Modelo T, agradando muita gente.

Depois de se expandir por vários países, o Austin Seven chegou aos Estados Unidos

Logomarca da American Bantam Car Company.

em 1927, e sua fábrica fixou-se na cidade de Butler, Pensilvânia. Ali o Austin americano estreou em 1930, no Salão Nacional do Automóvel.

Em uma semana, mais de 50.000 pedidos foram recebidos, levando a empresa a produzir cem veículos por dia. Com a crise de 1929 e a Grande Depressão, contudo, ninguém mais tinha condições de comprar carros, e a fábrica fechou em 1932.

Nessa época, Roy S. Evans, que aos 30 anos já era o maior revendedor de automóveis do sul dos Estados Unidos, decidiu investir na empresa, reativando a linha de produção em Butler. Assim, até meados de 1935, mais de 20.000 carros e caminhões leves foram construídos. Um ano depois, Evans conseguiu comprar as demais ações e se tornar o único proprietário da empresa, que passou a se chamar American Bantam Car Company.

Um clima pouco promissor ainda pairava no ar dos Estados Unidos e de boa parte do mundo. Por falta de investimentos, só em 1938 é que um novo carro de passeio sairia da fábrica, o Bantam 60, além de outros pequenos caminhões leves.

Às vésperas da eclosão da Segunda Guerra Mundial, na Europa, embora a empresa já tivesse criado cinco novos modelos, suas perspectivas se tornaram bem ruins – daí o interesse em atender rapidamente à licitação do exército dos Estados Unidos.

A partir daí, a história da Bantam é conhecida principalmente pelo esforço em vão de competir com a Willys-Overland e a Ford Motor Company, empresas maiores e mais poderosas que contavam com a preferência americana para fabricar o carro militar.

Em 1946, sem ter se recuperado da crise, Evans vendeu a empresa, que, no entanto, continuou a construir carretas e trailers para o exército até 1956, quando foi adquirida pela Rolling Mills. O prédio de onde saiu o primeiro protótipo do lendário 4x4, em Butler, permanece intacto, assim como a memória de boa parte dos moradores da região, que chamam a cidade de "o berço do Jeep".

NA CRISE, CARROS A 445 DÓLARES

Poucos fabricantes de automóveis passaram ilesos pelas crises do início do século XX. Embora o desejo de ter um automóvel animasse muitos consumidores, nem mesmo os mais ricos conseguiram manter as empresas sempre no azul. Com a Willys não foi diferente.

Fundada em 1902, na cidade de Terre Haute, Indiana, nos Estados Unidos, com o nome de Standard Wheel Company, era

Curiosidades

uma fábrica de automóveis com motores de um e de dois cilindros. Em 1905, viveu sua primeira crise, ao mesmo tempo em que mudou de sede (para Indianápolis, a capital do estado) e de nome, passando a se chamar Overland Co.

Para tirar a fábrica do vermelho, surgiu John North Willys, até então um bem-sucedido representante comercial de bicicletas e automóveis. Ele assumiu o controle acionário e rebatizou a empresa de Willys-Overland Co., lançando um carro pequeno com motor de quatro cilindros, que obteve boas vendas no mercado. Sob seu comando, a fábrica ainda produziria dois modelos de luxo com motor de seis cilindros, sem êxito comercial.

O capital da empresa só seria incrementado após o desenvolvimento do modelo 79, de 1914; com preço abaixo de 1.000 dólares, foram vendidos 80.000 exemplares já no primeiro ano de produção. Ainda em 1914, uma nova movimentação empresarial trouxe bons resultados para a Willys, que se uniu a Charles Knight para a fabricação de motores de quatro tempos sem válvulas, de camisas deslizantes, dando origem à subsidiária Willys-Knight.

Com a crise de 1929 batendo à porta, a Willys foi obrigada a se retrair e a se concentrar em um único modelo, o 77, de quatro cilindros, cujo preço foi o mais baixo da história: 445 dólares. Foi o que garantiu a sobrevivência da Willys até a Segunda Guerra Mundial.

A partir de 1940, ao ganhar do exército dos Estados Unidos o direito de fabricar o futuro Jeep, tudo começou a mudar. Ao final da guerra, além dos modelos civis, a empresa acabaria lançando o Utility Wagon, que no Brasil ficaria conhecido como Rural Willys.

Em 1953, a Willys-Overland foi adquirida pela Kaiser Motors, e seu nome foi alterado para Willys Motor Company. Com diretrizes que fizeram a empresa abrir fábricas em mais de trinta países, o Jeep passou a ser comercializado em cerca de 150 países.

Rural Willys.

De 1955 até hoje, novas aquisições marcaram a história da empresa, resultando em novas denominações e linhas de automóveis, até a marca Willys ser aposentada.

Ou quase. Depois de um bom tempo sem brilhar sobre qualquer veículo, em 2002 a DaimlerChrysler AG, sua então proprietária, utilizou-a no Jeep Grand Cherokee.

Fabricantes do Jeep através dos tempos

PERÍODO	MODELO
1903-1909	Overland Automobile
1909-1936	Willys-Overland Motors Company
1936-1953	Willys-Overland Motors Inc.
1953-1963	Willys Motor Company
1963-1970	Kaiser-Jeep Corporation
1970-1987	American Motors Company
1987-1998	Chrysler Corporation
1998-2007	DaimlerChrysler AG
2007-2009	Chrysler LLC
2009-hoje	Fiat-Chrysler

MAIS CURIOSIDADES

Convocação recorde: O edital que contatou o maior número de empresas para a construção de um único veículo foi o do Jeep quando, em 1940, o exército dos Estados Unidos convocou mais de 150 fabricantes para o desafio.

Tesouro enterrado: Diz a lenda que peças inutilizadas que sobraram do primeiro protótipo do Jeep, aquele construí-do pela American Bantam em 1940, estão enterradas com um monte de sucata no terreno da empresa, em Butler, onde suas instalações ainda sobrevivem.

Tinta estratégica: No auge da disputa com a American Bantam para chegar ao peso ideal de 890 kg para o carro militar licitado pelo exército dos Estados Unidos, a Willys-Overland não quis alterar seu motor,

Curiosidades

sua principal vantagem na concorrência. A opção para diminuir o peso do seu protótipo, que estava acima do teto fixado, foi desmontar o veículo e avaliar a importância de cada peça. Até mesmo o tamanho dos parafusos diminuiu. Quando o novo veículo foi remontado, havia apenas 200 gramas a menos. Por isso, na época, brincava-se que uma mera segunda demão de tinta teria colocado o Willys fora da disputa.

Concorrentes dos modelos brasileiros no segmento 4x4: Jipe Candango, da Vemag S.A., produzido entre 1958 e 1962, e Toyota Bandeirante, da Toyota, produzido de 1958 a 2001.

À esquerda: Bandeirante, o utilitário da Toyota do Brasil. À direita: Candango, o utilitário da DKW-Vemag.

CAPÍTULO 5

DADOS TÉCNICOS

FICHA TÉCNICA

BANTAM 1940 MODELO 60, O BRC-60

Motor: L-Head Continental, quatro cilindros BY4112
Comando de válvulas no bloco
Cilindrada: 2.199 cm³
Potência: 46 cv a 3.500 rpm
Torque: 11,9 kgfm a 1.800 rpm
Taxa de compressão: 6,8:1
Câmbio Warner Gear T84H de três marchas à frente e uma a ré

Caixa de transferência: Spicer, duas marchas
Eixo traseiro: Spicer Modelo 40
Relação de diferencial: 4,88:1
Distância entre eixos: 2.006 mm
Peso em ordem de marcha: 880 kg
Capacidade de combustível: 45 litros

WILLYS MB E FORD GPW

Motor: L-Head "Go Devil"
Disposição: dianteiro longitudinal
Cilindrada: 2.200 cm³
Potência: 55 cv a 4.000 rpm
Torque: 14,5 kgfm a 2.000 rpm
Número e disposição dos cilindros: quatro em linha
Diâmetro dos cilindros x curso dos pistões: 79 x 111 mm
Carburador: Carter WO-539S
Combustível: gasolina
Capacidade do tanque: 57 litros
Câmbio: Warner T84

Tipo: manual, de três marchas à frente e uma a ré.
Relações:
Ré: 3,554:1
Primeira "seca": 2,665:1
Segunda sincronizada: 1,564:1
Terceira sincronizada: 1,000:1
Relação de diferencial: 4,88:1
Caixa de transferência: Spicer 18
Relação de baixa: 1,97:1
Relação de alta: 1,00:1
Sistema elétrico: 6 V
Comprimento: 3.330 mm

Dados técnicos

Largura: 1.574 mm
Altura mínima/máxima: 1.320 mm / 1.820 mm
Distância mínima do solo: 222 mm
Distância entre eixos: 2.032 mm
Bitolas dianteira/traseira: 1.244 mm
Diâmetro mínimo de curva (direita/esquerda): 11 m / 11,3 m
Peso em ordem de marcha: 1.100 kg
Carga útil: 362 kg

Sistema de freios: mecânico a tambor
Suspensão: eixo rígido, molas semielípticas e amortecedores hidráulicos
Ângulo de entrada/saída: 45° / 35°
Ângulo de rampa: 30°
Rodas: 4,5 x 16 pol.
Pneus: 6.00-16
Velocidade máxima: 105 km/h
Peso rebocável: 250 kg
Número de lugares: quatro

M38

Motor: Hurricane Jeep M38A1
Cilindrada: 2.199 cm³
Potência: 61 cv a 4.000 rpm
Torque: 15,8 kgfm a 2.000 rpm
Taxa de compressão: 6,48:1
Carburador: Carter YS637S
Velas: AC-45 ou Champion J-8
Folga entre eletrodos: 0,75 mm
Torque de aperto da vela: 34-44 Nm
Ordem de ignição: 1-3-4-2
Rotação do distribuidor: anti-horário

Folga de platinado: 0,5 mm (Prestolite)
Avanço inicial de ignição: 5 graus APMS
Rotação de marcha-lenta: 600 rpm
Câmbio modelo: T-90
Marchas: três à frente mais uma a ré (primeira não sincronizada)
Caixa de transferência: duas velocidades (normal + reduzida)
Relação de diferencial: 5,38:1
Pneus: 7.00-16
Sistema elétrico: 24 V, blindado

M-38A1

Motor: Hurricane quatro cilindros F134-2
Disposição: dianteiro longitudinal
Cilindrada: 2.199 cm³
Potência: 74 cv a 4.000 rpm

Torque: 15,8 kgfm a 2.000 rpm
Taxa de compressão: 6,9:1
Carburador: Carter YS950S
Velas: AC-45 ou Champion J-8 35

MUTT M-151

Folga entre eletrodos: 0,75 mm
Torque de aperto da vela: 34-44 Nm
Ordem de ignição: 1-3-4-2
Rotação do distribuidor: anti-horário
Abertura do platinado: 0,5 mm (Prestolite)
Avanço inicial de ignição: 5 graus APMS
Rotação de marcha lenta: 600 rpm
Transmissão caixa modelo: T-90
Marchas: três à frente mais uma à ré (primeira não sincronizada)
Caixa de transferência: duas velocidades (normal + reduzida)
Relação de diferencial: 5,38:1
Pneus: 7.00-16
Fabricante: AM General, dos Estados Unidos
Tripulação: 3
Comprimento máximo: 3.350 mm
Largura: 1.580 mm
Altura: 1.800 mm

Peso em ordem de marcha: 1.075 kg
Capacidade de carga: 544 kg
Sistema de tração: quatro rodas motrizes
Motor: Ford L 142, de 4 cilindros, válvulas no cabeçote (OHV), 2.320 cm³
Potência: 72 cv a 4.000 rpm, taxa de compressão 7,5:1, gasolina, refrigerado a água
Velocidade máxima: 106 km/h
Velocidade em terreno irregular: 40 km/h
Tanque de combustível: 64 litros
Autonomia: 483 km
Sistema elétrico: à prova d'água, 60 A, duas baterias
Freios: hidráulico, a tambor nas quatro rodas
Suspensão: independente nas quatro rodas
Câmbio: quatro marchas à frente e uma a ré
Caixa de transferência: marcha normal e reduzida.
Pneus: 7.00-16 militar

Ford GPW 1942.

Observação: Os M-151 foram produzidos em várias séries, entre as quais se destacam a M-151 (versão básica), a M-718 (versão ambulância) e a M-151A1 (segunda versão, lançada em 1964, com pequenas modificações na suspensão traseira). A série M-151A1C era equipada com um canhão sem recuo, de 105 mm. Já a M-151A2 foi lançada em 1970 e apresentou novas modificações na suspensão, tornando o veículo mais seguro. Dessa série foram lançadas a versão M-151A2-FAV e a versão M-151A2TOW, equipada com um lançador de mísseis antitanque.

Dados técnicos

93

Produção de modelos militares ano a ano

ANO	MODELO	QUANTIDADE
1940	Bantam Pilot (protótipo)	1
1940	Bantam MK II/BRC-40 (protótipo)	70
1940	Willys Quad (protótipo)	2
1940	Ford Pygmy (protótipo)	1
1940	Budd Ford (protótipo)	1
1941	Ford GP	4.465
1941	Willys MA	1.553
1941	Bantam BRC-40	2.605
1942-1945	Willys MB	361.339
1942-1945	Ford GPW	277.896
1942-1943	Ford GPA (veículo anfíbio)	12.778
1944	Willys MLW-1 (protótipo, nunca terminado)	1
1944	Willys MLW-2 (protótipo para solo pantanoso)	1
1950	X-98 (protótipo baseado no CJ-4M)	1
1953	BC Bobcat (protótipo para lançamento aéreo, chamado de Aero Jeep)	1
1950-1952	Willys M38 (MC)	61.423
1952-1957	Willys M38A1 (MD)	101.488
1963-1968	Willys M606 (CJ-3B)	155.494
1954-1964	Willys M170	6.500
1959-1978	M151, MUTT, M151A1, M151A1C, M151A2, M718 (ambulância), M718A1 (ambulância), M825	aprox. 100.000
1964-1968	M606	17.000

JEEP UNIVERSAL CJ-3B

Peso em ordem de marcha: 995 kg
Comprimento: 3.300 mm
Largura: 1.750 mm
Altura: 1.690 mm
Bitola dianteira e traseira: 1.219/1.230 mm
Distância entre eixos: 2.030 mm
Balanço dianteiro/traseiro: 523/566 mm

Bagageiro: 914 mm de largura x 489 mm de altura
Distância mínima do solo: 203 mm
Espaço de carga: 813 x 1.329 x 358 mm
Motor: Hurricane F-Head, 2.200 cm³, quatro cilindros, 73 cv
Capacidade do sistema de refrigeração,

com aquecedor: 11,3 litros

Capacidade do tanque de combustível: 30,7 litros

Sistema elétrico: 12 V

Gerador: 35 A

Eixo dianteiro: Dana/Spicer 25, 27 ou 27A, relação 4,27:1 (5,38:1 opcional)

Eixo traseiro: Dana/Spicer 44, semi-hipoide flutuante, relação 4,27:1 (5,38:1 opcional)

Freios: hidráulicos, tambores de 228 mm de diâmetro x 44 mm de largura

Embreagem: Auborn ou Rockford, monodisco a seco de 216 mm de diâmetro. com amortecimento torcional

Caixa de transferência: Spicer 18, duas velocidades, relações 1,00:1 e 2,46:1

Transmissão: Warner T-90 três marchas, Relações: 1ª 3,339:1 (ou 2,798:1); 2ª 1,551:1; 3ª 1,000:1; ré 3,798:1

JEEP WRANGLER

Cilindros: seis em V

Cilindrada: 3.778 cm³

Potência máxima: 199 cv a 5.000 rpm

Torque máximo: 32,1 kgfm a 4.000 rpm

Câmbio automático: quatro marchas

Peso bruto total: 2.268 kg

Rodas: alumínio, 17 pol.

Capacidade do tanque de combustível: 70,4 litros

Volume do porta-malas: 142 litros; com banco traseiro rebatido: 714 litros

Comprimento / largura / altura: 4.223 mm / 1.873 mm / 1.840 mm

Airbags frontais de múltiplo estágio

Ar-condicionado

Banco dianteiro do passageiro com dispositivo facilitador de entrada para o banco traseiro

Banco do motorista com regulagem de altura

Banco traseiro rebatível

Barra de segurança anticapotagem

Capota dupla (lona e rígida)

Volante de direção ajustável em altura

Console central completo

Controle anticapotagem

Controle de tração

Controle eletrônico de estabilidade

Estepe tamanho normal (roda de alumínio)

Faróis de neblina

Freios a disco nas quatro rodas

Limpadores de para-brisa com intermitência variável

Limpador/lavador do vidro traseiro

Controle de velocidade de cruzeiro

Protetor de caixa de transferência

Protetor de tanque de combustível

Protetor de câmbio

Rádio AM/FM/CD-player, compatibilidade com MP3 e entrada auxiliar para equipamentos eletrônicos

Dados técnicos

Rodas de alumínio de 17 pol.
Tapetes suplementares acarpetados
Tração 4x4 temporária Command-Trac®
Câmbio automático de quatro marchas

Travas elétricas com controle remoto
Vidros com acionamento elétrico
Vidros esverdeados
Volante revestido em couro

Produção de modelos civis ano a ano

ANO	MODELO
1944	AgriJeep CJ-1
1944-1945	CJ-2
1945-1949	CJ-2A
1949-1953	CJ-3A
1950	CJ-V35
1950	CJ-4 (protótipo)
1950	CJ-4M (protótipo)
1950	CJ-4MA (protótipo)
1953-1968	CJ-3B
1954-1983	CJ-5
1954-1984	Jeep CJ-3, CJ-5, Rural Jeep, Pick-Up (Brasil)
1955-1975	CJ-6
1955-1968	CJ-3B Long (Espanha)
1961-1963	Tuxedo Park Mark III
1964-1967	CJ-5A/CJ-6A Tuxedo Park
1969	Camper
1969	CJ-6 462 Limited Edition
1970	Renegade I
1971	Renegade II
1972-1983	Renegade Models
1973	Super Jeep
1976-1986	CJ-7
1977-1980	Golden Eagle
1977	Golden Eagle California Edition (produção limitada disponível só por meio de concessionários da Califórnia AMC)
1979	CJ-5 Silver Anniversary Limited Edition (estimativa de 1.000 unidades)
1980	Golden Hawk
1981-1985	CJ-8 Scrambler
1982	Jamboree Limited Edition (2.500 unidades)

Produção do modelo Wrangler ano a ano

ANO	MODELO
1987-1995	Wrangler YJ
1988-1995	Wrangler Long - Venezuela
1991-1993	Renegade
1997-2006	Wrangler TJ Se, Sport, Sharaha
2002	TJ Se, X, Sport, Sharaha
2003	TJ Rubicon, Sahara, Sport, X, Se models
2004-2006	LJ Unlimited (versão estendida TJ) Rubicon, Sport, X, Se
2004-2005	Willys Edition (3.998 unidades)
2004	Columbia Edition
2005	Rubicon Sahara Unlimited LJ (1.000 unidades)
2006	Golden Eagle Edition
2007-2009	Wrangler JK
2007-2009	JK Rubicon, Sahara, X
2010	JK Rubicon, Sahara, Sport

Modelos fabricados pela Willys do Brasil

ANO	MODELO
1959-1967	Renault Dauphine, Gordini e 1093
1959-1977	Rural, 4x4 e 4x2; Standard e Luxo
1960-1972	Aero-Willys Itamaraty
1961-1967	Willys Interlagos
1961-1984	Pick-Up, 4x4 e 4x2
1964 -1981	duas e quatro portas
1966	linha Willys

Dados técnicos

JEEP CJ-5

Largura total, com estribos e roda sobressalente: 1.823 mm
Distância mínima do solo: 201 mm
Bitolas: 1.259 mm
Distância entre eixos: 2.057 mm
Comprimento: 3.444 mm
Altura: 1.700 mm

Capacidades – Motor BF-151
Tanque de combustível: 40 litros
Sistema de arrefecimento: 10,4 litros
Sistema de lubrificação: 6 litros

Caixa de mudanças: 1,75 litro
Diferencial: 1,50 litro
Peso em ordem de marcha: 1.194 kg

Capacidades – Motor OHC
Tanque de combustível: 40 litros
Sistema de arrefecimento: 9,7 litros
Sistema de lubrificação: 4,7 litros
Caixa de mudanças: 1,5 litro
Diferencial: 1,7 litro
Peso em ordem de marcha: 1.145 kg

Modelos fabricados pela Willys do Brasil

CÓDIGO	TRAÇÃO	CARROCERIA	TIPO/NOME
5124	4x2	2 portas	CJ-5 Universal
5224	4x4	2 portas	CJ-5 Universal
6224	4x4	2 portas	CJ-6 Universal
6225	4x4	4 portas	CJ-6 Universal
8126	4x2	2 portas	Universal
8222	4x4	2 portas	Standard Rural
8322	4x2	2 portas	Standard Rural
9121	4x2	2 portas	Luxo Rural
9221	4x4	2 portas	Standard Pick-Up
9321	4x2	2 portas	Standard Pick-Up

MOTORES DO CJ-5 UNIVERSAL

Motor Hurricane.

No Brasil, o Jeep CJ-5 recebeu três tipos de motor: Hurricane F-134, BF-161 e Ford Georgia OHC.

MOTOR HURRICANE F-134

Usado apenas nos primeiros Jeep montados no Brasil, de 1957 a 1959. Era um motor importado dos Estados Unidos, de quatro cilindros e 2.150 cm³, 73 cv a 4.000 rpm e torque de 15,8 kgfm a 2.000 rpm, com câmbio de três marchas à frente – a primeira "seca" (não sincronizada) –, tração nas quatro rodas e reduzida.

Características técnicas:
Tipo: cilindros em linha
Número de cilindros: quatro
Cilindrada: 2.199 cm³
Potência: 73 cv a 4.000 rpm
Torque: 15,8 kgfm a 2.000 rpm
Taxa de compressão: 6,9:1
Carburador: Carter YS950S
Tipo: AC-45 ou Champion J-8
Folga entre elétrodos: 0,75 mm
Torque de aperto da vela: 34-44 Nm
Ordem de ignição: 1-3-4-2
Rotação do distribuidor: anti-horário
Abertura do platinado: 0,5 mm (Prestolite)
Avanço inicial de ignição: 5 graus APMS
Rotação de marcha lenta: 600 rpm

MOTOR BF-161

A Willys-Overland do Brasil iniciou a produção, em 1958, do primeiro motor a gasolina fabricado no país. Da fundição do bloco até a montagem final, todo o processo era realizado na fábrica de motores em São Bernardo do Campo, SP. No mesmo

Dados técnicos

ano, seu índice de nacionalização chegou a 80%, com produção de 101.810 unidades.

O BF-161 foi um motor pioneiro. Seu bloco era fundido na Willys de Taubaté, interior de São Paulo, daí a inscrição de origem em seu cabeçote. Motor de seis cilindros e cilindrada de 2.638 cm³, ele equipou a maioria dos modelos Rural Willys, Pick-Up e Jeep Willys fabricados no Brasil, de 1958 a 1975. Era considerado moderno, eficiente e econômico, por ter válvulas de admissão no cabeçote, com potência de 90 cv a 4.400 rpm e torque de 18,7 kgfm a 2.000 rpm. A peculiaridade desse motor vinha do fato de o cabeçote e o coletor de admissão formarem uma peça única em ferro fundido.

O motor foi reprojetado pelo engenheiro Barney Ross, nos Estados Unidos, a partir do Willys 685, ou "Hurricane", tendo sido lançado lá inicialmente nos automóveis de passageiros Willys Ace e Willys Eagle, em 1952. Ele resulta do aperfeiçoamento e aumento da potência dos motores Willys de quatro cilindros, das décadas de 1930 e 1940, dos quais herdou a arquitetura básica.

É um dos menores motores de seis cilindros já fabricados, com cilindrada equivalente a de alguns motores de quatro cilindros. As válvulas de admissão estão localizadas no cabeçote, e as válvulas de escapamento, no bloco do motor. A árvore de comando de válvulas lateral é acionada por engrenagens. Todos os parafusos e medidas deste motor estão em

Motor BF-161.

sistema inglês de medidas (valores em polegadas). O motor BF-161 equipou também os Aero-Willys fabricados no Brasil de 1960 a 1962, antes da introdução do motor Willys 2600, com dois carburadores, em 1963.

Os primeiros motores do início da década de 1960 tinham a palavra "Hurricane" gravada no ferro fundido do coletor de admissão. Bastante suave quando em funcionamento, não apresentava barulho ou trepidações, com um bom torque em baixa rotação.

Características técnicas:
Tipo: cilindros em linha
Número de cilindros: seis
Diâmetro dos cilindros: 79,37 mm
Curso dos pistões: 88,90 mm
Cilindrada: 2.638 cm³
Taxa de compressão: 7,6:1
Potência: 91 cv a 4.400 rpm
Torque máximo: 18 kgfm a 2.000 rpm

Pressão de compressão ao nível do mar: 10,19 kg/cm² a 11,60 kg/cm²
Ordem de ignição: 1-5-3-6-2-4
Marcha lenta: 575 a 600 rpm
Temperatura em funcionamento: 70 ºC a 80 ºC
Temperatura máxima em funcionamento: 104 ºC

Regulagem das válvulas (a frio)
Admissão: 0,46 mm
Escapamento: 0,41 mm

Distribuidor
Folga do platinado Bosch: 0,35 mm
Folga do platinado Wapsa: 0,51 mm
Avanço inicial: 5º APMS a 600 rpm

Velas
Tipo: Motorcraft B-AT6
Diâmetro: 14 mm
Folga entre elétrodos: 0,61 a 0,76 mm

Caixa de mudanças
Relações das marchas:
1ª: 2,798:1
2ª: 1,551:1
3ª: 1,000:1
Marcha a ré: 3,544:1
1ª, 2ª e 3ª marchas sincronizadas

MOTOR FORD OHC

Após a compra da Willys pela Ford do Brasil, os motores Willys continuaram a ser fabricados para equipar toda a linha da empresa original e também o Ford Maverick. Em 1975, foram substituídos pelo novo motor Ford OHC 2.300 cm³, de quatro cilindros e 91 cv, em toda a linha de utilitários Willys (Rural, Jeep e F-75).

O novo motor Ford OHC, de concepção moderna, tinha a árvore de comando de válvulas no cabeçote, acionada por correia dentada. Era acoplado a um novo câmbio de quatro marchas com relações mais curtas. A relação do diferencial permanecia a mesma: 4,89:1.

Como era usado no Maverick, ele foi ligeiramente modificado em seu diagrama para se adaptar ao Jeep CJ-5. Assim, a potência foi reduzida de 99 cv para 91 cv, e seu regime baixou das 5.400 rpm originais para 5.000 rpm. À primeira vista,

Motor Ford OHC.

Dados técnicos

isso pode parecer pouco importante, mas contribuiu decisivamente para adequar o motor ao resto do projeto, aumentando ainda mais a durabilidade, além de possibilitar modificação da curva de torque, que se tornou mais plana.

Seu torque máximo aumentou de 16,9 para 17 kgfm, enquanto o regime em que ocorre diminuiu de 3.200 para 3.000 rpm: isso significa que o motor se tornou mais elástico, com menor necessidade de troca de marchas, propiciando menor consumo de combustível.

Velocidade das marchas
1ª: 43 km/h
2ª: 60 km/h
3ª: 86 km/h
4ª: 119 km/h

Aceleração
0-40 km/h: 3,47 s
0-60 km/h: 7,42 s
0-80 km/h: 13,35 s
0-100 km/h: 23,25 s

Retomada de velocidade em 4ª marcha
40-60 km/h: 6,82 s
40-80 km/h: 14,15 s
40-100 km/h: 24,05 s

Consumo em 4ª marcha
8,87 km/l a 40 km/h
8,06 km/l a 60 km/h
7,35 km/l a 80 km/h
6,25 km/l a 100 km/h
8,87 km/l a 40 km/h

(fonte: revista *Quatro Rodas*)

Características técnicas
Combustível: gasolina (opção de álcool)
Tipo: cilindros em linha
Número de cilindros: quatro
Carburadores: um
Diâmetro dos cilindros: 96,04 mm
Curso dos pistões: 79,40 mm
Cilindrada: 2.300 cm³
Taxa de compressão: 7,8:1
Potência (SAE bruta): 91 cv a 5.000 rpm
Torque máximo (SAE bruta): 17 kgfm a 3.000 rpm
Rotação de marcha lenta: 750 rpm
Ordem de ignição: 1-3-4-2
Avanço inicial: 6º APMS a 750 rpm
Óleo lubrificante: SAE 20W-40, 20W-50
Capacidade do cárter: 4,7 litros
Líquido de arrefecimento: 9,7 litros

Distribuidor
Folga do platinado Bosch: 0,40 a 0,50 mm
Folga do platinado Wapsa: 0,45 a 0,55 mm
Avanço inicial: 6º APMS a 750 rpm

Velas
Tipo: Motorcraft B-AGF32
Diâmetro: 14 mm
Folga dos elétrodos: 0,7 a 0,8 mm

Caixa de mudanças
Relações das marchas
1ª: 3,75:1
2ª: 2,38:1
3ª: 1,53:1
4ª: 1,00:1
Marcha a ré: 4,23:1
1ª, 2ª, 3ª e 4ª marchas sincronizadas

Caixa de transferência
Reduções
Normal: 1,0:1
Reduzida: 2,46:1

Diferenciais
Relação: 4,89:1

JEEP CJ-6 (DUAS E QUATRO PORTAS)

Código/modelo: 6224
Distância entre eixos: 2.565 mm
Distância mínima do solo: 201 mm
Comprimento: 3.951 mm
Largura: 1.823 mm
Bitolas: 1.230 mm
Altura acima do para-brisa: 1.700 mm
Capacidade do tanque: 39,75 litros

Sistema de arrefecimento: 10,41 litros
Sistema de lubrificação: 5,676 litros
Peso em ordem de marcha: 1.210 kg
Peso de embarque (sem fluidos): 1.185 kg
Peso da capota: 37 kg
Medida dos pneus: 7.10-15
Motor: BF-161
Potência: 90 cv a 4.000 rpm

JEEP CJ5-B/12 (BERNARDINI)

Capacidade de carga
Estrada: 540 kg
Fora da estrada: 360 kg

Dimensões
Comprimento: 3.495 mm
Largura: 1.540 mm
Altura: 1.845 mm
Distância mínima do solo: 200 mm
Ângulo de entrada: 45°

Ângulo de saída: 39°
Rampa máxima, acesso frontal: 60%
Rampa máxima, acesso lateral: 30%

Peso
Peso em ordem de marcha: 1.150 kg

Desempenho
Autonomia: militar, 278 km / civil, 208 km
Distância mínima do solo: 200 mm

Dados técnicos

Consumo: 7,0 km/l em estrada
Velocidade máxima: 100 km/h

Motor
Fabricante: General Motors do Brasil
Modelo: 2.500 cm³ a gasolina, carburador
    de corpo simples
Numero de cilindros: quatro em linha
Ordem de ignição: 1-3-4-2
Taxa de compressão: 8:1

Pneus
Pressão
Estrada / terra leve: 26 a 28 lb/pol²
Areia / lama: 15 a 17 lb/pol²

Capacidade
Óleo do motor: sem filtro, 3 litros / com
    filtro, 3,5 litros
Tanque de combustível: militar, 39,75
    litros / civil, 29,75 litros
Caixa de mudança: 1,2 litro
Caixa de transferência: 0,7 litro
Capacidade dos diferenciais: 1,5 litro cada
Radiador de cobre: 8 litros
Radiador de alumínio: 6,2 litros

Sistema elétrico
Sistema elétrico: 12 V
Bateria: 56 Ah

FONTES DE CONSULTA

LIVROS

FOSTER, Patrick R. *The Story of Jeep*. Iola, Wisconsin: Krause Publications, 2004.
JEUDY, Jean-Gabriel; TARARINE, Marc. *The Jeep*. Nova York: Vilo Inc., 1986.
WELLS, A. Wade. *Hail to the Jeep: A factual and pictorial history of the Jeep*. Hong Kong: EMS Publications, 1946.
Manual de operação e manutenção do CJ5-B/12, desenvolvido pela Bernardini.
Manual do proprietário do Jeep, desenvolvido pela Ford.
Manual do proprietário do Jeep, desenvolvido pela Willys-Overland.

REVISTAS

Automóveis e Acessórios, edição de abril de 1958.
Quatro Rodas, edição de janeiro de 1964.

SITES

Discover Jeep history – www.jeep.com/en/history (em inglês)
Jeep Clube do Brasil – www.jeepclubedobrasil.com.br
Jeep Guerreiro – jeepguerreiro.blogspot.com
Jeep Parts – www.jeepparts.com (em inglês)
Military Mashup – www.militarymashup.com
Olive-Drab – www.olive-drab.com (em inglês)
Portal AutoClassic – www.autoclassic.com.br
Revista Planeta Off-Road – www.planetaoffroad.com
WarWheels – www.warwheels.net (em inglês)

CRÉDITO DAS IMAGENS

Abreviações: a = acima; b = embaixo; c = no centro; d = à direita; e = à esquerda.
Na falta de especificações, todas as fotos da página vieram da mesma fonte.

Páginas 4-5, 11, 26-7, 28, 29, 32, 33, 34, 35, 36-7, 38, 40, 43, 46, 47, 48-9, 50, 51, 53, 58, 59, 60, 61, 62-3, 64, 65, 66, 67, 68, 69, 70, 71, 72, 73, 76, 77, 79, 80-1, 82, 84, 85, 87, 88-9, 90, 92, 98, 99, 100, 104-5: Arquivo do autor
Páginas 6, 7, 8, 9, 13, 14, 15, 16, 18, 19, 22, 42: Arquivo nacional do governo dos Estados Unidos
Páginas 20-1, 23, 52, 55, 56: SXC
Páginas 24, 25: Publicidade da época
Páginas 31, 39: Willys-Overland do Brasil
Páginas 41, 44-5: Ford Motor Co.
Página 57: Publicidade do Jeep Wrangler
Páginas 74-75: MorgueFile
Página 83: Revista *Popeye*, Editora Abril

Conheça os outros títulos da série:

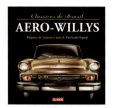   

 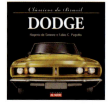  

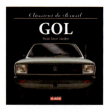   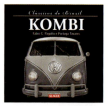

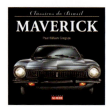